올바른 구원
하나님 성결

올바른 구원
하나님 성결

1판 1쇄 발행 2024. 5. 10

지은이 노희수

발행인 조효근
발행처 도서출판 들소리

등 록 1987. 11. 27. 제 9-116호
주 소 서울시 종로구 창경궁로 16길 73-6(연건동)
전 화 02)3676-3082
www.ingn.net

ISBN 978-89-91654-85-3 (03230)
값 17,000원

올바른 구원
하나님 성결

the right salvation and the holy grail of God

노희수 지음

올바른 구원인 1차 믿음의 구원에서 2차 사랑의 구원, 하나님의 성결로
성장하고픈 성도의 마음가짐이란 어떤 것일까?

인생이란 사랑의 빚을 갚기 위해 기회를 제공받은 삶의 연속이며
세상이란 천국 백성의 자격을 훈련받기 위해 만들어진 훈련세트장이다

들소리

목회자는 선한 목자이신 예수님께서 자기 생명을 속전(贖錢)으로 주고 죄에서 구원하신 양 무리를 잘 먹이고 인도하라고 부탁받은 사명자입니다. 그러므로 양 무리를 먹이고 지키기 위해 자기 목숨을 아끼지 않고 그 사명을 감당하려 노력합니다. 바울 사도가 이 사명, 즉 은혜의 복음을 전하는 일을 위해 자기 생명조차 아깝게 여기지 않았던 것 같은 사명감을 가지고 목회에 임하는 것입니다.

존경하는 노희수 목사님께서 목회하시는 동안 공예배 시 강단에서 말씀을 전하는 것으로 만족하지 않고 맡겨주신 양 무리를 위해 날마다 영의 양식을 전달하셨습니다. 기도와 함께 신령한 양식을 공급한 기록을 모아 책을 내시게 되었으니 감사한 일이며 축하할 일입니다.

노 목사님께서 세상에 내놓으시는 책, 『올바른 구원과 하나님의 성결』은 이런 노력과 헌신의 결실입니다. 거듭나야 하나님 나라에 들어갈 자격을 얻기에 중생(重生)은 구원의 출발점이라 할 수 있습니다. 값없이, 공로 없이, 의인(義認), 즉 하나님께 의롭다 하심을 받은 신자들은 성령 충만으로 거룩한 삶, 즉 성결(聖潔)한 생애를 보내야 합니다. 성결은 하나님께서 우리를 선택하신 목적이며(엡 1:4) 재림하시는 예수님을 영접할 수 있는 조건이기 때문입니다(히 12:14).

온전한 구원이란 중생의 단계에 머무는 것이 아니라 우리를 부르신 하나님의 거룩하심처럼 모든 행실에 거룩한 자가 되어야 온전한 그리스도인으로서 하나님 나라에 들어감을 넉넉히 얻을 수 있습니다(벧후 1:11). 우리 주 예수 그리스도께서 재림하실 때 신자들의 온 영과 혼과 몸이 흠 없게 보존되기를 기도하는 것이 목회자들의 간구이며 하나님을 향한 소망입니다. 우리를 부르신 미쁘신 하나님께서 또한 우리를 거룩하게 하실 것이기 때문입니다 (살전 5:23, 24). 이러한 단계를 알기 쉽게 또 체계적으로 소개하는 책이 『올바른 구원과 하나님의 성결』입니다.

교회에 출석하면서도 구원의 확신이 없는 이들이 이 책을 읽고 완전한 구원에 이르도록 자라고, 하나님의 자녀로 거듭난 신자들은 성령 충만으로 성결의 단계에 이르러 날마다의 삶에서 예수 그리스도로 말미암아 우리 아버지 하나님께 무궁한 감사와 영광을 돌릴 수 있기를 바랍니다. 수고하신 노 목사님과 이 책을 읽는 성도들에게 은혜와 감사가 넘치기 기원합니다. 감사합니다.

2024년 5월.

성 기 호 목사(Ph.D.)
전 성결대 총장

CONTENTS

프롤로그

    차량이 전소(全燒)되는 사고로 온 몸에 입은 화상 상처를 치유하는 고통의 과정에서 함께 겹친 대장암 발병과 전이된 신장을 절개하는 수술로 투병했습니다. 그러던 중 지난 날 용서받은 죗값을 받으면서도 평안을 유지할 수 있는 은혜를 주신 하나님께 감사하며 함께 아파하시는 하나님의 마음을 위로해 드리기 위해 다시 한 번 더 깊은 회개를 하였습니다.

    1986년부터 1년에 7개월씩 철야기도를 하다가 2002년부터 은퇴 후 1년까지(2021) 365일 하루도 빠짐없이 수십 년간을 교회 의자와 바닥에서 철야기도 했습니다. 때로는 한 쪽 팔에 모기에게 23방 물리면서, 추위 때문에 요와 이불을 여러 겹으로 덮고 밤새도록 기도하다가 날이 밝아오는 아침을 여러 날 맞이하기도 했습니다.

새벽예배 후 사시사철 하루도 빠짐없이 손을 들고 3시간씩 500명 이상 사람들의 이름과 제목을 놓고 기도했습니다. 여름에는 땀으로 온몸을 적시고 겨울에는 피가 내려와 손가락이 얼어버리는 고통을 이겨내면서 중보기도의 사명을 감당하였습니다.

　　살아생전 죗값을 더 많이 받게 해 주셨다는 감사기도를 올려드리는 이 죄인을 불쌍히 보신 하나님께서 '올바른 구원과 하나님의 성결'이라는 지혜를 주셔서 부족하지만 글을 쓰게 되었습니다.

　　그리고 저를 위해 중보기도뿐 아니라 사고 후 위로금까지 보내주신 많은 분들에게 보답하기 위해 입원기간 병상에서 시작한 글이 어렵고 힘들게 출간되었습니다. 그분들께 감사의 마음을 전합니다.

　　여러분은 신앙생활에서 무엇을 소원하고 계신가요?

- 중생이후 성결과 사회적 성결의 깊은 경지까지 성장하기를 원하고 계신가요?
- 좁은 길을 걸어가는 것이 어떤 신앙생활인지를 알고 싶으신가요?
- 세상 끝에는 의인 중에서 악인을 골라낸다는 것을 알고 싶으신가요?
- 착각의 구원으로 신앙생활하고 있는 것은 아닌가를 진단하고 싶으신가요?
- 천국 가는 것과 천국에서 영생이 어떻게 구분됨을 알고 싶으신가요?
- 세례요한을 작은 자라고 비유한 천국이 어떤 천국인지 알고 싶으신가요?
- 사람의 승리 사람의 성결과 하나님의 승리 하나님의 성결을

알고 싶으신가요?

- 거룩한 씨(사 6:13, 합 3:17-18), 부활의 권능(빌 3:7-16, 고후 12:7-10), 희생제물(사 53:4-6, 행 7:59-60, 고전 15:31, 엡 5:2)의 경지까지 성장을 원하고 계신가요?

부디 이 책이 도움이 되기를 바랍니다. 서로 함께 하나님의 성결의 깊은 경지까지 성장하고 싶은 마음에서 글을 내보냅니다. 천국소망과 신앙성장에 갈급한 분들에게 하나님이 말씀해주시길 기도합니다.

끝으로 이 책 출간에 힘써주신 들소리 대표 조효근 목사님과 편집장 양승록 목사님께도 감사드립니다.

2024년 5월에

ㆍ流水運石 노 희 수

PART 1
구원에 다가가다

the right sa

올바른 구원관을 깨닫지 못하면 구원받은 후 다시 침투하려는 사탄의 유혹을 물리치기 어렵기에 천국을 가지 못하는 것은 물론이거니와 신앙생활의 목표를 올바르게 설정하기 어렵고, 진정한 성결을 시작하기도 어렵다. 사중복음(四重福音)의 중생(重生) 이후 성결과 수준 높은 사회적 성결을 사모하고 추구하려는 것 모두는 올바른 구원을 깨달으려는 거룩한 노력이다.

ation and the holy grail of God

01

성장단계에 맞는 신앙훈련

하나님의 자녀들에게 최고의 기쁨이란 한 생애(生涯)를 마칠 때, 예수님께서 재림하실 때, 천국 백성으로 인정받아 천국 가는 것이다.

그러나 안타깝게도 성경의 시작인 창세기부터 요한계시록까지 수많은 사람들이 받은 구원을 끝까지 지키지 못하고 버림받았다. 개인과 가족, 나라와 민족 전체가 버림을 받기도 하였으며 심지어 노아가 살았던 시대에는 그의 가족 8명을 제외한 지구상의 모든 사람이 홍수심판으로 전멸하였다(창 7:21-22).

이런 일이 발생한 원인을 꼽는다면 그것은 하나님께서 정해주신 구원관을 올바르게 깨닫지 못했기 때문이다. 모든 생명체가 성장하는 과정에는 각 시기마다 성장을 위한 도움의 손길과 적절한 환경과 그 환경의 변화에 대처하는 능력이 필요하다. 신앙생활도 마찬가지이다. 신앙 성장의 시기마다 도움을 받고 주변 환경을 조성하며 성장의 목표와 실천해야 할 생활 규칙과 법도(法道), 그리고 참고 견디고 책임져야 할 것들이 조금씩 달라진다.

신약시대의 성도는 구약의 성도들과는 달리 순종의 범위와 깨달아야 할 말씀의 깊이와 신앙생활의 목표와 충성의 정도와 실천해야 할 사랑의 범위와 깊이 등이 다르다. 이는 하나님께서 원하시는 성도의 신앙 성장과정과 목표가 다르기 때문이다. 이것을 구체적으로 알지 못한 채 신약의 성도들이 구약시대의 성도들과 구분되지 않는 신앙생활을 하고 있다면 그것은 큰 문제가 아닐 수 없다.

올바른 구원관이란 새로운 구원관을 말하는 것이 아니다. 처음부터 하나님께서 계시로 주신 구원관에 대한 시대적 요구(要求)요 통찰(洞察)이다. 올바른 구원관을 강조하려는 것은 신약시대를 살아가는 성도가 구약시대의 신앙 수준에 안주하는 신앙생활에 자극을 주기 위함이다.

몽학선생(갈 3:24-25)에게 초등학문(갈 4:8-9)의 지도를 받는 구약의 어린아이 신앙에서 벗어나 단단한 음식을 소화하는(히 5:12-14) 성숙한 성도로 성장하는데 도움을 주려는 것이다.

02
순종의 범위, 사랑의 깊이, 성장의 목표

하나님께서 우리에게 깨우쳐주시려는 올바른 구원관은 무엇일까?

구원은 구원을 받는 것으로 끝나는 것이 아니다. 구원을 받은 후 수많은 사람들이 받은 바 구원에서 탈락한 기록들이 성경에서 많은 부분을 차지하고 있다. 노아의 시대처럼 착각의 구원에 빠지지 않아야 하겠기에, 어렴풋이 알면서도 자신도 모르게 유행처럼 번지는 착각의 구원에 빠져 심정지된 이들에게 심폐소생술로 도움을 주려는 것이 올바른 구원이다.

올바른 구원을 깨달아 받은 바대로 구원을 끝까지 유지하기 위해서는 사모하고 추구해야 하는 신앙의 목표가 달라야 한다. 그 목표를 달성하고자 하는 동력을 얻기 위해서는 생활 속에서 실천해야 할 순종의 범위와 사랑의 깊이와 성장의 목표를 정확하게 깨달아야 한다. 올바른 구원관을 모르면 하나님께서 원하시는 단계적인 성장 과정을 깨달을 수가 없다.

신앙 성장의 단계적인 훈련을 잘 통과하려면 깨달아야 할 것이 있다.

첫째. 하나님께서 사탄이 임금으로 군림하는 이 세상에 왜 사람을 만드셨는지 하나님의 그 깊은 뜻을 깨달아야 한다.

둘째. 천국은 어떤 곳이며, 성도들이 어떻게 그 천국에 갈 수 있는 것인지, 천국 백성의 자격을 인정받기가 얼마나 어려운지를 깨달아야 한다.

셋째. 하나님께서 신약의 성도들에게 요구하시는 사랑의 실천과 영적투쟁과 충성의 수준과 순종의 범위와 맺어야 할 인간관계를 정확하게 깨달아야 한다.

넷째. 선택받은 하나님의 백성들이 왜 그렇게 기회만 있으면 불순종하며 우상을 섬기다 민족 전체가 버림받았는지를 깨달아야 한다.

다섯째. 하나님께서 원하시는 성결의 수준이 어디까지인지, 왜 그렇게 거룩함을 강조하시는지를 깨달아야 한다.

여섯째. 신약의 성도들은 왜 고난의 과정을 통과해야 하며, 중보기도와 중보 회개를 감당하는 사명자의 삶을 살아가야 하는지를 깨달아야 한다.

일곱째. 하나님께서 원하시는 성결의 수준까지 성장하려면 어느 경지까지 바라보아야 하며, 그 목표에 도달하려면 어떠한 과정의 훈련단계를 통과해야 하는지를 깨달아야 한다.

올바른 구원관을 깨닫지 못한 상태에서 신앙생활을 하다가 어느 때 성령충만의 은혜를 받아 성결의 깊은 경지까지 이르기를 사모하게 되면 그는 사람들이 수준 높게 정리해 놓은 이론적 성결과 윤리, 도덕적으로 모범이 되는 생활성결과 신비스러운 특별한 체험적 신앙에 도움을 받아 높은 위치에서 큰 인물로 유명해져 접근하기 어려운 사람들을 부러워하는 신앙생활에 비중을 두고 따라가게 된다.

이러한 신앙생활이 잘못되었다는 것이 아니다. 그러나 앞서 언급한 올바른 구원을 통해 깨닫게 되는 그 구원관 속에 담겨 있는 하나님의 깊은 뜻을 깨닫지 못하면 세상에서 신앙생활하는 성도들이 천국에 가면 성도들 간에 상급에만 차이가 있을 뿐 영적인 수준 상태가 모두 똑같아지는 것으로 믿기에 성도의 신앙 성장과 사랑의 성숙은 천국에 들어가는 순간 모두 끝나는 것으로 생각하게 된다.

신앙의 성장단계에 따라 성도가 하나님께 공급받는 능력이 달라져야 하는데, 성도에게 공급된 능력보다 더 혼란스러운 유혹과 강력한 힘으로 침투하는 세력들과 싸워야 할 영적투쟁이 어떻게 달라져야 하는지와 신앙의 목표를 어느 경지까지 세워야 하는지를 깨닫게 해주려는 것이 올바른 구원이다.

이것을 모르면 많은 사람이 구원을 받은 후 어떻게 그렇게 버림받고 지옥에 갔는지를 심각하게 받아들이기 어렵다. 막연하게 이만하면 다른 성도들과 함께 천국은 가겠지 하며 느슨한 신앙생활을 하다가 안타깝게도 구원을 해결하지 못한 채 귀중한 생을 마치게 될 수도 있다.

올바른 구원관을 깨닫지 못한 성도들에게 나타나는 가장 안타까운 일은 신앙의 목표를 올바르게 설정하기 어렵다. 사람을 기준 하는 사람의 성결이 아닌 천국에서 영생을 목표하는 수준 높은 하나님의 성결이 무엇인지를 깨달을 수가 없어서 어려운 일이 발생하고, 신체 기능이 약해지고, 질병으로 심신이 쇠약해지며, 불의의 사고로, 자연재앙으로, 인간관계로 복잡한 일들이 발생하여 경제적으로 건강으로 사회적 신분 등으로 생활환경이 어려워질 때다.

특히 인생 말년에 삶 자체가 어렵고 힘들어질 때 닥쳐온 문제를 해결받기 위해 그동안 살아오면서 모르고 지나친 잘못된 부분들이 무엇인가를 되돌아보게 되고 뭔가 불편한 심적 부담들과 새롭게 범한 죄를 회개하게 될 때, 그 회개를 통해 더 높은 곳으로 성장하기를 원하시는 하나님의 깊은 뜻을 깨닫기 어렵다.

결국 회개했다는 그 자체만으로 만족하는 신앙생활을 반복하기에 더 높은 신앙의 경지를 목표하지 못하여 흐르는 물이 멈추면, 주입되는 물의 양과 배출되는 양이 균형을 이루지 못하여 나타나는 현상과 같이 회개하고 은혜받고 문제를 해결 받은 뒤 시간이 흐르면서 깊고 높은 신앙 성장을 위해 간구하는 열정이 식게 된다.

03

구원을 잃어버리기
쉬운 성도

구원을 받았으나 받은 구원을 잃거나 빼앗기고(눅 9:25; 계 3:12), 구원의 반열(班列)에서 떨어져 나가며(벧후 3:17), 생명책에서 지워지기(출 32:33-34) 쉬운 유형의 사람들이 있다.

첫째, 순수한 신앙으로 귀하게 쓰일 것으로 기대되었던 하나님의 자녀였으나 어느 때부터 자타(自他)의 영향을 받아 자기중심적 신앙이 강해져 신앙생활에 유익한 습관들이 흐트러지는 사람들이다. 그들은 열정 또한 식어져(눅 9:62) 유일신 여호와 하나님 아버지를 우선으로 섬기며 하나님께 최선을 다하는 성도로 인정받지 못하기에 아쉬워하시는 여호와 하나님 아버지를 질투하시게 하는 사람들이다.

둘째, 고난을 통해 순종의 능력이 강해지는(히 5:8) 은혜를 받아 절대 감사와 절대 순종의 수준에까지 이르기를 원하시는 하나님의 섭리를 모르고 열등의식 속에서 발동되는 그 알량한 자존심과 세상 욕심, 거만하고 오만한 고집으로 끝까지 자기주장을 밀어붙이려는 사람들이다.

셋째, 섬김과는 거리가 먼 높은 위치에서 대접받기 좋아하며, 갖가지 명분을 내세워 은근히 자신을 차별되게 부각시켜 겸손과 순종, 섬김을 기본으로 하는 천국 백성 자격에 치명적 손상을 입히는 교만(삼상 15:23)한 사람으로 자신도 모르게 분류되어 대접받는 화려한 겉모습에 순수함이 사라지면서 자기에게 맡겨진 중요한 사명이 다른 사람들에게로 넘어가게 하여 하나님 아버지를 안타깝게 하는 사람들이다.

넷째, 구약의 성도들처럼 하나님께 인정받고 못 받는 것을 결과 위주에 비중을 두기에 더 높은 곳을 향하지 못하여 성장이 멈춰 기복신앙으로 치우치게 되어 가족과 누리는 평안함이 하나님께서 주시는 축복이라 믿고 말년을 편안하게 마치려는 사람들이다.

다섯째, 가까운 사람들에게 특히 가족들에게 잘못하는 언행 심사와 하나님과 자신만이 아는 본이 되지 못하는 것들로 인해 사탄이 밤낮으로 쉬지 않고 하나님께 고자질(계 12:10)할 거리를 제공하며 목회자와 부모 형제, 성도들과 잘잘못을 따지면서 상대의 잘못을 들춰내는 사람들이다.

여섯째, 성도의 기본이 되는 예배, 말씀, 기도, 찬양, 전도, 심방, 구제 등의 깊이에 따라 하나님께 공급받는 은혜와 사랑의 힘을 의지하기보다 사람들의 힘과 세상의 힘을 이용하려고 편 가르기로 사람들의 마음을 훔치는 정치 성향이 강한 사람들이다.

일곱째. 뜨겁게 열정적으로 충성하는 적은 수의 성도들보다 많은 수의 성도와 휩쓸려(마 7:13-14) 천국을 막연하게 바라보며 사탄과 치열하게 싸우는 영적 투쟁을 하지 못하는 성도들을 꼽을 수 있다.

우리가 살아가고 있는 시대적 상황으로만 본다면, 심령의 깨끗함을 강조하는 성결에 대한 메시지보다 "현대의 성도들이 지금처럼 신앙생활 하면서 과연 천국을 갈 수 있을까? 혹시 이렇게 신앙생활 하다가 자신과 가족과 주변 성도들 모두 지옥에 가는 것은 아닌가?"라는 물음을 먼저 다루어야 할 시대가 되었다. 말세하고도 끝이라는 이 시대는 죄악이 더럽고 추하고 흉악해지는 것은 물론이거니와 죄를 죄인 줄 모르는 혼돈의 시대, 마비의 시대, 착각의 시대다.

창세기로부터 요한계시록에까지 기록된 성경의 사건 중 많은 부분이 올바른 구원관을 깨닫지 못했기에 발생된 사건들과 올바른 구원관을 깨달으라고 주신 말씀과 구원관을 올바로 깨닫지 못해 일어난 사건들을 수습하려고 기록된 말씀들이 성경에는 많다.

노아의 홍수는 왜 일어났는가? 이스라엘 백성들은 왜 430년 동안 애굽에서 종살이를 해야 했나? 모세를 통해서 나타난 놀라운 기적들이 너무도 많았는데 어떻게 모세가 하나님의 말씀을 받으러 산에 올라간 사이에 금송아지를 만들 수(출 32:1-4) 있을까? 이스라엘 백성들은 왜 광야에서 40년간 방황해야 했나? 그들은 왜 기회만 있다면 끊임없이 이방인들을 따라 우상을 섬길까?

200만 명 정도가 되는 출애굽 1세대의 사람들 중 어떻게 여호수아와 갈렙 두 사람만 가나안 복지에 들어갔는가? 하나님의 말씀을 기록한 율법책이 어떻게 성전 깊숙한 곳에서 그토록 오랫동안 먼지 속에 파묻혀 있어야 했을까?(열하 22:8-11) 70년간 바벨론 포로 생활을 예언한(렘 25:1-11) 선지자 예레미야는 왜 박해당하며 눈물의 선지자가 될 수밖에 없었는가? 예수님은 왜 이 땅에 오셔야 했으며, 십자가에서 속죄양으로 돌아가셔야만 했는가? 왜 이스라엘 민족은 하나님께 버림받을 수밖에 없었는가?

이 모든 일이 일어난 근본적인 원인은 단 한 가지다. 성도들이 하나님께서 정해 놓으신 구원관을 올바로 깨닫지 못했기 때문이다. 즉 신앙의 목표를 올바르게 세워 신앙생활 하지 못했기 때문이다.

04
올바른 구원관

구약의 성도들뿐만 아니다. 신약에 나오는 열 처녀 비유와 달란트 비유, 양과 염소의 비유(마 25:1-46)는 올바른 구원을 강조하는 비유다. 탕자의 비유에서 형이 아버지와 동생에게 대하는 태도(눅 15:11-32), 산속에서 강도 만난 사람을 대하는 제사장과 레위 사람과 사마리아 사람을 비교하는 비유(눅 10:30-37), "주여! 주여"라고 부르며 선지자 노릇을 하고 귀신을 쫓아내고 많은 권능을 행했다고 해도 하나님께 "불법을 행한 자들아! 내가 너희를 도무지 알지 못한다"란 책망을 듣는다는 말씀이다(마 7:21-23).

예수님께 치료받은 10명의 나병환자 중 감사를 표현하러 돌아온 사마리아 사람에게 "네 믿음이 너를 구원하였다"라고 하신 예수님의 말씀(눅 17:11-19), 요한계시록 2-3장에 기록된 일곱 교회에 보낸 칭찬과 책망과 참 생명의 길은 적은 수의 사람들만이 간다는 좁은 길과 좁은 문(마 7:13-14) 등 신약에 기록된 대부분의 말씀은 올바른 구원관을 깨달아야 한다는 것을 강조한 말씀들이다.

다시 한번 더 강조하지만 올바른 구원관을 깨닫지 못하면 구원받은 후 다시 침투하려는 사탄의 유혹을 물리치기 어렵다. 천국을 가지 못하는 것은 물론이거니와 신앙생활의 목표를 올바르게 설정하기 어렵고, 진정한 성결을 시작하기도 어렵다. 사중복음(四重福音)의 중생(重生) 이후 성결과 수준 높은 사회적 성결을 사모하고 추구하려는 것 모두는 올바른 구원을 깨달으려는 거룩한 노력이다.

성도들에게 그토록 중요한 올바른 구원관은 과연 어떤 구원일까?

태초부터 예정된 하나님의 구원은 혈통의 선택으로 시작된 구원이다. 하나님께서는 혈통의 구원을 매우 중요하게 다루셨다. 하나님께서 혈통의 구원을 얼마나 중요하게 다루시는가를 증명하는 사건이 노아의 홍수사건이다(창 7:6-10).

가인이 동생 아벨을 죽이는 죄를 범했을 때(창 4:3-8), 하나님은 동생을 죽인 형 가인을 하나님의 구원관인 혈통의 선택적 구원에서 제외하셨다. 같은 사람이지만 가인의 후손으로 태어났다는 한 가지 이유만으로 하나님은 그들이 혈통의 선택적 구원에

섞이지 않도록 그들의 후손들 모두를 아주 멀리 격리시키셨다(창 4:14).

그러나 세월이 흐른 후 인구가 늘어나 서로 접촉할 기회가 많아지게 되자 혈통으로 선택받은 셋의 후손인 하나님의 아들들은 혈통의 선택 구원에서 제외된 가인의 후손인 사람의 딸들과 혼혼(混婚, 창 6:2)하여 하나님께서 예정하신 선택적 구원의 기준을 무너지게 했다.

아마도 셋의 후손 중 몇몇 지도자들은 하나님께 버림받은 가인의 후손들이 불쌍하다며 그들을 구원해야 한다는 명분을 내세워 혼혼의 정당성을 합리화했을 것이다. 그것이 사랑 많으신 하나님의 뜻이라고 말하며, 하나님께 그러한 지혜를 받았다고 주장하는 무리도 있었을 것이다. 그들 스스로는 자신들이 영혼을 사랑하는 마음이 누구보다도 크다고 생각했었을 수도 있다.

사람들이 내세우는 명분과 논리가 그럴싸하다 해도 하나님의 구원관을 사람들이 변경할 수 없다. 그들은 하나님이 원하시는 구원은 천국에 가는 것이 구원의 전부가 아니란 것을 처음부터 깨닫지 못했다. 성도들이 구원받은 후 지금처럼 신앙생활 하다가 대부분의 성도들 모두가 천국에 가는 것이 구원의 전부였다면 혈통적 구원을 새롭게 시작하시려고 하나님께서 노아의 가족 이외의 모든 사람을 심판하는 홍수 사건(창 7:17-24)이란 비극은 일어나지 않았다.

05
구약의 혈통적 선택 구원

하나님은 한 사람을 선택하여 정하시고, 그의 후손들이 하나님의 혈통적 선택으로 자기 백성이 되게 하셨다(롬 11:2; 벧전 1:2). 부르심을 받은 개인과 민족(출 19:6)에게 할례라는 행위로 순종하게 하시고, 그 행위를 의롭게 여겨주시며 그들을 하나님의 백성으로 영화롭게 해주셨다(롬 8:30).

하나님께서는 왜 어느 민족, 그 한 사람에게 특혜를 주는 혈통적 선택 구원으로 사람들의 구원을 시작하셨을까? 이에 대해 우리는 어떠한 이의도 제기할 수 없다. 그것은 창조주 하나님의 전적인 권한이기 때문이다.

예수님께서 이 땅에 오시기 전까지 할례라는 순종의 행위를 통한 혈통의 선택으로 하나님의 백성이 되는 구원관은 계속되었다. 그러나 하나님께서 예정하신 혈통적 선택의 구원을 더는 유지하는 것이 무의미할 정도로 선택받은 이스라엘 백성들은 타락하였다. 그들은 제사를 드리려고 성전에 와서 예물을 드려도 마당만 밟고(사 1:12) 갔다. 하나님께서 "누가 성전 문을 닫아주었으면 좋겠다(말 1:10)"라고 말씀하실 정도로 그들의 신앙은 변질되었다.

사람을 사랑하시는, 특히 죄악으로 죽어가는 사람들을 불쌍하게 보시는(겔 18:32) 하나님은 마지막으로 예수님을 이 땅에 보내주셨다. 예수님이 이 땅에 오셔서 희생제물로 죽어주시고 부활하신 이후부터는 어느 한 사람을 선택하여 그 후손인 개인과 민족 전체가 구원받는 혈통적 선택구원시대는 끝났다(요 3:16-17; 딤전 2:4).

이제부터는 어느 민족, 어느 개인이든지 하나님과 사람 사이에서 유일하게 중보자 되시는(딤전 2:5) 예수님을 그리스도로 인정하여 예수님의 이름으로 지난날의 모든 죄를 회개하면, 그는 지금까지 혈통의 선택으로 구원받던 구약의 구원관과 똑같이 믿음으로 하나님께 선택받은 하나님의 백성이 된다.

전 세계에서 여호와의 언약궤를 모신 단 하나의 성전에서만 제사장과 대제사장을 통해 제사를 드려야 했던 법(수 22:19, 29)은 폐지되었다. 예수님의 몸이요, 머리요, 피 값으로 사신(행 20:28) 신약의 교회에서 예수님을 통해 예배를 드리며(엡 1:22-23), 은혜로 받은 구원을 유지하는 신앙생활이 새롭게 시작된 구원관이요, 신약시대의 복음인 믿음으로 받는 구원이다(살후 2:13-14).

할례를 세례로 비유하기도 하는데, 할례란 세상의 흙으로 빚어진 육체의 살 한 조각이 잘려나가면서 흐르는 피와 함께 내 힘으로는 끊을 수 없었던 사탄과의 관계가 끊어짐을 결정하는 행위다. 이제 세상적인 생명은 죽었다. 하나님의 은혜로 새롭게 태어난 몸과 마음, 영혼 모두는 할례받는 순간 하나님께 드려졌다. 이제부터 하나님의 것이 되었다. 할례는 하나님의 백성으로 새롭게 태어나는 종교 행위다(창 17:10-14).

거듭나는 할례의 행위를 통해 혈통적 선택으로 구원받은 이스라엘 백성들은 하나님께 소유된 자로서 하나님께 지명받아 부름받은 사람들이다(사 43:1). 하지만 안타깝게도 그들 모두 하나님의 백성으로 선택은 받았으나 천국을 보장받지 못했다.

06
신약의 믿음으로 구원

이스라엘 백성들은 자신들만이 믿음의 조상 아브라함의 후손이라고 믿는다. 그들은 지금까지도 세계에서 유일하게 자신들만이 만세 전부터 하나님께서 예정하신 혈통의 선택으로 구원받은 하나님의 백성(출 6:7, 사 43:1)이라고 믿으며 신앙생활하고 있다.

예수님께서 죽으시면서 지성소와 성소를 구분하던 휘장이 찢어지지(막 15:38) 않았다면 즉 지성소가 천국의 예루살렘(계 21:2)으로, 대제사장 직분이 예수님에게(히 5:5)로 이전되지 않았다면 몰라도 지금은 여호와의 증거궤(출 26:24)를 모신 지구상의 유일 성전에서만 예배를 드리는 법이 폐쇄되었기에 그들의 주장은 잘못된 것이다.

신구약을 막론하고 사탄이 임금으로 군림하는 이 세상에서 신앙생활 하는 모든 성도는 구약의 혈통적 선택, 또는 신약의 믿음으로 구원받았다. 구원받은 뒤 구원을 끝까지 지키지 못하여 천국에 들어가지 못하는 성도들이 많다는 사실을 이제 성경을 통해서 깨달았다면, 그 원인이 무엇인가를 위해 깊은 기도를 해야 한다.

구약의 혈통적 선택 구원이나, 신약의 예수님을 믿음으로 받는 구원이나 구원을 받는 즉시 천국 갈 수 있는 구원이 이루어진 것은 틀림없다. 그러나 신구약 성도들 중 많은 사람들이 구원받은 후 천국에 가지 못했다는 것을 성경이 증명하고 있다(마 7:21-23, 25:12, 30, 46)는 것을 그냥 가볍게 넘겨서는 안 된다.

하나님의 백성으로 선택을 받았는데, 그것도 하나님께서 직접 지명하여(사 43:1-7) 부르심을 받았는데 어떻게 받은 바 구원을 끝까지 유지하지 못한단 말인가?(사 55:11, 요 6:39) 혈통적 선택구원이나 믿음으로 구원받은 것 모두 완벽한 구원이지만 그 구원을 잃어버리거나 빼앗기지(눅 9:24-25) 않기 위해서는 반드시 필요한 것이 있는데 성도들이 그것을 간과한 것이다.

천국만 가면 모두 끝난다는 구원관이 제1차 기존의 구원관이라면 천국에 가서도 해야 할 일이 있고 사랑을 계속 성숙시켜야 한다는 신앙목표를 세우는 구원관이 받은 바 구원을 잃어버리지 않도록 도움을 주는 제2차 구원관이다. '하나님께서 처음부터 올바른 구원을 자세히 알려주시면 노아의 홍수도 없었을 텐데, 모두

쉽게 천국을 갈 수 있었을 텐데'라고 생각할 수 있겠으나 천국은 그렇게 가는 곳이 아니다. 이것을 알아야 한다.

하나님께서 사탄이 임금으로 군림하는 이 세상에 사람을 만드신 것은 1차 믿음으로 구원받는 것이 끝이 아니라 제2차 수준 높은 사랑으로 구원을 받아 천국에서 수천억만 년이 가도 결코 배반하지 않고 영생할 수 있는 자격자를 추리시기 위한 것이다. 쉽게 받는 1차 구원이 구원의 전부라는 착각으로 생명길이 되는 좁은 길을 가지 못하고, 태초부터 수많은 영혼들이 착각으로 신앙생활하다가 지옥에 갔을 것으로 생각하니 참으로 가슴이 아프다.

한 번 더 강조하려는 것은 성도의 신앙생활 목표는 누구나 성결의 깊은 경지까지를 바라보아야 한다. 신약의 모든 성도는 중생 이후 성결과 사회적 성결을 사모해야 한다. 하나님께서는 천국에 데려만 가려고 성도를 구원하신 것이 아니기 때문이다. 이것을 깨달아야 받은 바 구원을 지키는 데 도움을 받게 되며 성도의 궁극적 목표인 성결의 깊은 경지에까지 성장할 수 있다. 이것을 강조하지 않는 성결은 이론적 성결, 윤리적 성결, 신비적 성결에 치우치기 쉽다.

구원받은 성도들은 구원받은 후 받은 바 구원을 유지하기가 얼마나 어렵고 힘든지를 심각하게 생각해야 한다. 구원을 가볍게 생각하면 구원에 대한 감사가 약해진다. 그런 구원관으로 신앙생활을 하면 사탄의 침투통로가 다양해지고 유혹을 물리치기 너무 어려워 결국 착각의 구원에 빠지게 된다.

정확하게 언제인지는 알 수 없으나 하나님께서 경험하신 아픔 중 가장 큰 쓰라림은 천국에서 수천억만 년을 함께 생활했던 천사들이 하나님께 도전하는 반역사건이다(벧후 2:4; 유 1:6). 천사장의 주도로 하나님의 절대 권위에 도전하는 반역이 일어났고, 이에 합세한 천사들은 모두 심판받고 하나님을 대적하는 불순종의 세력이 되었다. 그들이 곧 사탄과 졸개들인 귀신 악령들이다.

　　사람이 창조되기 전, 하나님께서는 천사들과 생활하셨던 천국을 창조하실 때 천사들의 숫자를 정확하게 계산하셔서 창조하셨을 것이다. 그러나 불행하게도 반역으로 천사 중 일부가 사탄과 그의 졸개가 되어 천국에서 빠져나갔다. 하나님은 천국을 창조하셨을 때 계산하셨던 수만큼을 채우시려고 사람을 창조하셨다. 쓰라린 경험을 하신 하나님께서는 다시는 하나님을 배반하는 일이 일어나지 않도록 여러 단계의 훈련과정을 통과하게 하시면서 추리시고 또 추리신 후 최종적으로 인정받은 영혼들만으로 천국을 채우려 하셨다.

　　구원받은 영혼들이 천국에 와서 오랜 세월을 통해 깊은 경지까지 신앙이 성장한다 해도 오래 전 하나님을 배반한 사탄처럼 결코 하나님을 배반하지 않도록 훈련시키려고 지구를 훈련장소로 택하셨고 그 안에 사람을 창조하셨다. 절대 감사와 절대 순종을 하며 천국에서 영원히 살 수 있는 자격을 갖춘 영혼들만 천국으로 데려가시려고 하나님은 사탄이 임금으로 군림하는 이 세상에 사람을 살게 하신 것이다.

07

보화와 진주를 발견

마귀가 임금으로(마 12:31, 14:30) 군림하는 이 세상에 사람을 창조하실 때부터 하나님께서는 1차와 2차로 세분되는 올바른 구원을 준비하셨다. 올바른 구원이란 세상에서 신앙생활 하는 성도들이 하나님을 배반했던 사탄에게 온갖 시련의 고통과 유혹을 받으면서도 믿음을 잃거나 식어지지 않기 위해 끝까지 참고 견디어 승리하는 구원이다.

설령 쓰러질 때도 있지만 최대한 빠르게 회개하고, 잘못된 삶과 상황을 보다 확실히 정리하며, 열정적이고 모범적인 충성으로 천국에서 영생하는 천국 백성의 자격자로 인정받게 해주려는 것이 올바른 구원관이다.

성도가 세상에서 사탄에게 당하는 아픔이란 불순물을 제거하여 금의 순도를 높이기 위해 광석을 뜨거운 불 속으로 여러 번 제련(製鍊)시키는 과정과 같은 혹독한 시련(사 48:10 벧전 1:7; 계 3:18)을 의미한다. 중생 이후의 성결과 사회적 성결을 사모하며 1차 구원에서 2차 구원의 경지까지 성장하기를 소원하는 성도들이 하나님의 올바른 구원관을 보다 확실하게 깨닫는 것이란 성도에게 큰 축복이 아닐 수 없다.

예수 그리스도를 믿음으로 구원받은 신약의 성도들은 성령으로 거듭난(고후 5:17) 사람으로서 새롭게 깨달아지는 영안이 열려 천국에 갈 수 있다는 확신으로 천국에서의 영원한 삶을 희망하며 살아가는 하나님의 자녀다. 사람이 구원받아 이전에 알지 못했던 천국에 소망을 두며 신앙생활 한다는 것은 마치 밭에 감춰져 있던 보화와 값진 진주를 발견한 것과 같다(마 13:44-46).

귀하고 값진 진주와 보석의 가치를 깨달은 후 새로운 마음가짐으로 천국을 바라보며 신앙생활을 하는 성도들이라 할지라도, 사탄이 임금으로 군림하는 이 세상을 살아가면서 받은 바 구원을 끝까지 지키기 위해서는 예수님께서 말씀하신 보화와 진주를 비유한 말씀(마 13:44-46) 속의 깊은 뜻을 깨달아야 한다.

이 비유에서의 천국이란 불신자였던 그가 본인이 직접 회개 또는 영접기도만 따라 하면 값없이 구원받아(롬 3:24) 천국 백성이 된 것은 틀림없는 사실이지만 하나님의 자녀가 된 이후 거저 받은 그 천국을 끝까지 지키기 위해 이제부터는 자신의 의지로 최대한의 정성을 아낌없이 쏟아야(마 13:46) 그 천국을 갈 수 있다(마 19:21-24).

즉 너무도 쉽게 받은 천국을 자기 것으로 만들어야 한다.

불신자들에게 전도할 때 예수님께서 우리의 모든 죄를 짊어지시고 대신 죽어주셨기에 지난날의 죄를 예수님 이름으로 회개만 하면 하나님의 자녀가 된다고 전도한다. 그런 과정을 통해 그를 하나님의 자녀가 되도록 도와주었다면 이제 적절한 시기에 받은 바 구원을 지키기가 너무 너무 힘들고 어렵다는 것도 깨우쳐주고 받은 바 구원을 죽을 때까지 지키기 위해 자신의 강력한 의지로 체계적인 시스템의 훈련을 잘 통과하도록, 최대한의 열정적 충성과 애통의 과정(딤후 3:12)을 잘 통과할 수 있도록 보다 확실하게 구원의 복음을 전달해 주어야 한다.

구원받은 후 심령에 천국이 이루어진 성도로서 하나님의 은혜로 영생천국을 발견했다면, 그는 사탄이 임금으로 군림하는 이 세상에서 받은 바 구원이 얼마나 놀라운 사건인지, 어떻게 자신 같은 죄인에게 천국갈 수 있는 기회가 주어졌는지, 하나님의 사랑과 예수님의 희생, 성령님이 함께 동행 해주시는 은혜가 얼마나 소중하고 값진 것인지를 깨닫는 훈련과정이 반드시 필요하다.

이것을 깊은 은혜로 깨닫지 못하면 땅속 깊은 곳에 묻혀있는 보화와 진주를 쟁취하려는 뜨거운 열정과 죽도록 충성하여 생명의 면류관을 얻기 위해 자신의 소유를 하나도 남김없이 모두 파는(마 13:44, 46) 희생의 신앙생활을 할 수가 없다. 도저히 불가능하다. 현대의 성도들처럼 쉽게 받은 구원으로 만족하게 된다.

천국을 발견한 후 구원받은 성도는 목숨이 끊어지는 순간까지 자신의 소유를 모두 팔아야(마 13:46; 눅 18:22) 한다는 것이란 쉽게 정리하기 힘든 대접받는 상류층의 생활, 세상 문제를 해결할 수 있는 권세, 수준 높은 학벌과 쌓인 지식, 특별한 재능, 높은 신분, 뛰어난 외모, 신령한 은사, 심지어 건강까지도 주를 위해 모두 포기하는 것을 말한다.

　자신의 소중한 것을 포기하고 희생하려는 것은 자신을 통해 더 많은 사람들이 구원을 받을 수 있도록 중간역할로 쓰임 받게 하시려는 것으로서 공격이 방어라는 전술처럼 일꾼으로 쓰임 받으면서 사탄의 침투를 확실하게 물리쳐 1차 구원에서 2차 구원으로, 중생 이후 성결에서 사회적 성결로 성장하는데 하나님께 도움을 받으려는 것이다.

08
균형 잡힌 생활습관,
촛불 인생의 시작

마지막 때에는 사탄이 원하는 생활 방식으로 자신도 모르게 변질시키는 누룩(마16:5-12)에 물들기 쉽다. 죄라는 전염병균에 감염되는 속도도 빠르고, 죄가 들어오는 통로도 매우 다양한 때가 마지막 때다. 참과 거짓을 분별하는 기준도 흔들린다. 그러므로 마지막 때에는 균형 잡힌 생활습관으로 신앙생활을 하기가 심히 어렵다. 무엇보다도 주변에서 올바르게 신앙생활을 하는 성도들을 만나기가 매우 어렵기에 받은 구원을 지키기가 정말 어렵다.

이러한 혼돈의 시대에 참과 거짓을 분별하는 확실한 기준이 되는 올바른 구원관이 성도들에게 얼마나 귀하고 소중한 것인가를 지나칠 정도로 강조하고 싶다.

성도들에게 세상에서의 신앙생활이란 사탄이 임금으로 군림하는 세상에서 원죄와 죄성을 품고 살아가는 사람으로서 구원받기전 사탄이 침투하기 쉬웠던 잘못된 생활습관과 생활환경을 고쳐나가는 생활을 말한다. 성도가 보고 듣고 말하고 먹고 마시며 접촉하는 등의 삶을 통해 침투할 기회(롬 7:8)만을 엿보며 숨죽이고 있는(롬 7:14-18) 마귀의 성품을 고치고, 씻고, 뽑고, 태우기위해 가장 효과적인 신앙생활이란 매일매일 꾸준하게 실천하는신앙생활 습관이다.

라오디게아 목회자와 성도들의 신앙생활 습관은 마지막 때의 성도들에게 자신들의 신앙 모습을 여실히 보여주는 거울 역할을 하고있다(계 3:14-22). 마지막 때를 살아가는 성도들은 구원받은 성도로서 예수님의 희생적인 사랑에 빚진 자로서 뜨겁게 감사하지 못하고, 열정적 신앙으로 뜨겁게 충성하지 못하는 부끄러움을 뼈저리게회개하는 과정이 올바른 구원을 깨달아가는 과정이다.

수준 높은 경지까지 성장한 성도들이 그 어느 때 믿었던 사람들에게 배신을 당하여 밀려오는 섭섭함과 마음의 상처와 또는 경제적 궁핍과 건강 약화, 가족 문제와 사업실패 등으로 열악해지는 환경 속에서 신앙심이 흔들리게 되는 원인을 꼽는다면 천국으로 비유된 보화와 진주를 자기 것으로 소유하는 과정에서 자신의경제적 여유의 일부분으로 일정 값만을 치르고 밭 전부가 아닌부분적으로 사려는 착각 때문이다.

보화와 진주는 내 소유의 여유분으로 또는 전체가 아닌 일부분만을 사는 게 아니라 전 재산으로(눅 18:22) 전부를 사야 한다. 어렵게 발견한 보화와 진주를 자기의 것으로 만들기 위해서는 자기가 소유한 재산, 가족관계, 건강, 신분, 명예, 특별은사 등 모든 것을 포기해야 보화와 진주를 살 수 있는 자격이 주어진다.

여기서 '포기'란 어떤 상황 속에서도 절대 순종과 절대 감사로 평안을 유지하는 것을 말한다. 하나님께 긍휼의 은혜를 저축하여 더 많은 사람에게 확실한 도움을 줄 수 있도록 하나님께서 허락해주실 수 있는 수준의 깨끗한 희생제물의 자격을 갖추는 것이다. 이것이 구원받은 후 성도들이 감당해야 할 제2차 올바른 구원이다.

구원을 받은 성도는 구원받은 순간부터 신앙생활을 하면서 순간순간 체험하는 은혜를 통해 신령한 기름(행 10:38)을 공급받아 구원받기 전 알게 모르게 자신 안에 자리 잡고 있는 잘못된 세상 습관, 생활환경 등을 신령한 성령의 불로 태우며 살아가는 촛불 인생이 시작된 것이다.

자신을 태우는 신앙생활은 삶의 여정이 끝나는 순간까지 한순간도 멈춤 없이 자신이 지고 가야(눅 9:23-24, 14:26-27) 할 십자가의 사명을 뜻한다. 자신에게 배당된 양초의 분량을 남김없이 모두 태우는 것이다. 이런 마음가짐으로 신앙생활 하는 성도가 현재 진행형 성결(current progressive holiness)을 이루어 가는 모범적인 성도다.

조상과 부모의 죄, 자신이 범한 죄가 크고, 많고 더러우면 죄성은 강하게 발동한다. 내면(內面) 안에 그러한 죄성의 찌꺼기가 많으면 많을수록 성령의 불로 태워야 할 연료와 잘 타는 땔감이 많다. 남들보다 태워야 할 기간이 길고, 열기도 더 뜨겁다. 잘 타는 땔감과 연료가 많다면 다른 성도들보다 견디기 어려운 시련과 연단이 길고 강하게 이어질 수 있다.

하지만 남달리 더 큰 어려움을 당하는 구원받은 그 죄인을 하나님께서는 귀한 일꾼으로 성장하는 기회를 많이 제공 해주신다. 더 뜨겁게 타오르는 불로 죄악을 태우고 있기에 타오르는 더 밝은 빛으로 세상의 어두움을 밝혀 주변 사람들에게 도움을 주는 일꾼으로 쓰신다.

09

믿음으로 1차 구원,
사랑으로 2차 구원

마지막 때를 살아가는 성도들은 복잡다단한 사회의 흐름 속에서 부딪치는 모든 인간관계를 통해 어느 때보다 강하게 침투하며 교묘하게 혼선을 주는 사탄의 유혹에 흔들리며 신앙이 변질되기 쉽다. 그래서 마지막 때를 살아가는 성도들은 성도의 기본을 성실하게 실천해야 한다.

우리는 살면서 정직하고 순수하게 사람다운 사람으로 살아가야 함을 강조하는 소리는 자주 듣는다. 그러나 살면서 이 세상에서 주고받는 사랑 정도가 아닌 천국에서 살아가는데 필수로 갖추어야 할 수준 높은 사랑을 성장시켜야 한다는 메시지를 듣기는 쉽지 않다. 1차 구원은 믿음으로 받는 구원이라면, 2차 구원은 수준 높은 사랑으로서만이 가능한 구원이라는 걸 모르기 때문이다.

하나님께서 성도들의 사랑을 성숙시키시는 훈련방법과 과정은 다양하다. 그러나 특별히 수준 높은 사랑을 공급받기 위해서는 일반적인 신앙생활과 함께 고난의 과정을 그것도 극심한 고난의 과정을 통과해야 한다. 이것은 기본이다. 고난이 깊고 크며 길수록 사랑도 더 깊게 성숙해지기 때문이다. 수준 높은 성결을 사모하는 성도들, 특히 수준 높은 사랑으로 받게 되는 제2차 구원을 사모하는 성도들은 큰 고난 속에서 큰 사랑을 배우고 특별한 사랑을 공급받는다.

그들은 세상에서 주고받는 유통기한이 있는 사랑의 수준을 넘어 천국에서 영원히 생활하는데 필요한 수준 높은 사랑을 하나님께 인정받아야 한다는 것을 뼈 속 깊게 새기며 살아가는 사람들이기에 자신을 통해 하나님께서 승리하시도록 도와드려야 한다. 하나님께서 자신을 통해 하나님의 승리를 하나님의 성결을 이루려 하신다는, 그리하여 세상에서와 천국에서 영원토록 자랑하시고 싶어 하신다는 그 막중한 사명을 깨달아 부족한 자신을 그렇게 사용해 주시려는 하나님께 눈물로 감사하게 된다.

모르면 어쩔 수 없지만 자신이 현재 사탄이 임금으로 군림하는 세상에서 살아가고 있음을 깨달았다면, 지금이란 시기는 마지막 중에서도 끝이라는 시대적인 긴박(緊迫)성을 깨달았다면, 구약으로부터 신약에 이르기까지 수많은 성도가 구원받은 뒤 천국에 가지 못했다는 것을 깨달았다면, 그 해결책으로 수준 높은 사랑으로 받는 2차 구원이 있음을 깨달았다면, 그는 목회자로서, 부모로서, 신앙선배로서 열정적인 신앙으로 최선을 다해 봉사의 [땀]과 헌신의 [눈물]과 희생의 [피]를 흘리는 선한 목자(요 10:11)의 삶을 살아가야 한다.

선택적 혈통으로 구원을 받는 시대는 끝이 났고, 모든 사람은 예수 그리스도를 믿음으로 구원받는 시대가 새롭게 시작되었다는 올바른 구원관을 이방인들에게 증거 한다는 그 한 가지 이유만으로 사도 바울은 이스라엘 백성들에게 수없이 고통을 받았고 시련 당했으며 죽을 고비를 여러 번 넘겨야 했다(고전 4:9-13, 고후 11:23-28).

사탄이 임금으로(마 12:31, 14:30) 군림하는 이 세상에서 하나님의 자녀들이 천국을 가기 위해 세상 사랑에서 성도의 사랑으로, 더 나아가 하나님의 사랑으로 사랑을 성숙시키려는 것은 사탄에게 죽기 살기로 싸우자고 도전장을 내는 것과 같다. 따라서 예수님의 죽으심으로 누구나 공평하게 구원을 받을 수 있는 기회를 제공받은 신약의 성도들은 혜택만 누리려 하지 말고 어느 누구나 기본으로 순교적 신앙을(행 7:59-60, 20:22-24; 계 20:4) 각오해야 한다.

10

첫째 부활과 둘째 사망

    사탄이 임금으로 군림하는 이 세상에서 신앙생활 하는 성도로서 현재 내가 사탄과 치열한 영적 투쟁을 한다는 사실이 실감 나지 않는다면, 즉 생활을 통해 일진일퇴의 찢기고 할퀸 상처에서 피흘리는 전쟁이 실감나지 않는다면 그는 '내가 영생으로 인도하는 좁은 길을 걸어가다가 좁은 문을 통과하여 천국에 갈 수 있을까?'라는 물음을 스스로에게 던져보아야 한다.

    구원받은 신구약의 모든 성도는 죽으면 사람이 창조되기 전 하나님께서 천사들과 함께 사셨던 본래의 천국으로 가는 것이 아니라 임시처소인 낙원(樂園) 천국으로 간다. 낙원 천국도 그러하지만 본 천국은 자격을 갖춘 영혼(행 7:59-60, 20:22-24; 계 20:4)들만 가는 곳이기에 하나님께서는 온전(τετελειωμένοι

perfect)하게 사랑을 성숙시킨 성도들만 본 천국으로(요 17:21-
23) 인도하신다.

예수님과 함께 왕 노릇(헬 ἐβασίλευσαν; 영 reign; 통치하다,
지배하다, 책임지다)하는 성도들은 첫째 부활에 참여하지 못한
영혼들을 천 년 동안 다스리고 교육시킨다. 정확히 모르지만, 낙
원에 들어온 영혼들도 그곳에서 본 천국에 들어갈 자격을 갖추기
위해 끊임없이 찬양하고 감사하며 어떤 방식으로든지 천사들과
수준 높게 성장한 영혼들에게 사랑을 성숙시키는 특별교육을 받
는다.

천사였다가 사탄이 된 그들도 처음에는 순종을 잘했다. 그러나
오랜 기간 하나님의 놀라운 사랑으로 상상을 초월하는 높은 수준
까지 성장한 뒤, 자기들이 주도한 편 가르기로 힘을 모은 천사장
들이 자기들에게도 돌아가며 하나님의 보좌에 앉아 천국을 통치
할 기회를 주시는 것이 자신들의 사랑 성숙에 많은 도움이 될 것
이라는 건의를 하나님께 드리면서부터 월권하는 죄가 시작된 것
이 아닌가 생각된다.

낙원 천국에 들어온 영혼 중에는 낙원 천국에 들어온 지 얼마
안 되어 교육받을 기간이 짧았다든가, 낙원에도 올 수 없을 정
도로 큰 죄인이었지만 극적으로 구원을 받았다든가, 또는 일반
적인 사랑의 성숙 정도까지만 성장한 뒤 1차 믿음으로 구원받는
수준으로 낙원에 들어온 그들이 낙원에서 훈련받던 중, 아직 본
천국으로 들어갈 만큼의 수준 높은 사랑의 경지까지 성장하지

못한 채 예수님의 재림을 맞이했다면, 그 영혼들도 첫째 부활에 참여하지 못한 영혼들과 같이 본 천국에서 영생할 수 있도록 제 2차 수준 높은 사랑만으로 자격을 인정받는 훈련과정을 통과해야 한다.

이 훈련과정의 비밀은 첫째 부활(계 20:5-6)과 둘째 사망(계 2:11, 6,14, 21:8)이란 신비한 비밀을 올바른 성경해석으로 정확하게 깨닫게 될 때 비로소 조금도 의심 없이 확실하게 이해될 것이다.

대부분의 성도는 예수님께서 공중 재림하실 때 모든 성도가 다 같이 공중으로 들림받는 것으로 생각한다. 그러나 그렇지 않다. 세상에서 또는 낙원에 있는 영혼들이 천년왕국에서 예수님과 함께 왕 노릇을 할 정도로 수준 높은 사랑으로 인정받은 성도들은 첫째 부활에 참여한다.

그러나 첫째 부활에 참여하지 못한 영혼들은 예수님께서 모든 통치와 권세, 능력을 멸하시고 여호와 하나님 아버지께 최종적으로 나라를 바칠 때 순차적으로 들림받는다고 성경은 말씀하고 있다(고전 15:23-24).

11

천국 가면
누구나 영적 수준이 같아질까?

낙원천국과 본 천국에 들어갈 수 있는 자격과는 상관없이 낙원 천국에 들어가기만 하면 그 순간 믿음, 소망, 사랑의 수준과 영혼이 누구나 깨끗해지며 온전(헬 τετελειωμένοι, 요 17:23) 해지는 것일까? 천국에서 상급만을 달리 받게 하시려고 극악무도한 사탄이 임금으로 군림하는 이 세상에 사람을 만드시고 신앙생활을 하게 하신 것이었을까?

노아 시대의 홍수사건, 430년간 애굽에서의 종살이, 출애굽 1세대 중 여호수아와 갈렙만이 가나안 복지에 들어간 것, 70년 동안 바벨론 포로 생활, 이스라엘 민족 자체가 버림받은 것, 부자 청년에게 말씀하신 천국과 낙타의 비유, 그물(교회)에 들어와 의인이 되었다고 안심하지 말라는 경고, 천국을 발견한 기쁨으로 끝내지 말고 자기의 모든 것을 팔아 보화와 진주를 자기의 것으로 만들어야 한다고 주신 말씀(마 13:44-50). 이 모두가 천국에서 상급만을 차별되게 받게 해주시려고 주신 말씀이요 발생 된 사건들이었을까?

성도들이 천국에 간다고 그 즉시 누구나 영적 수준이 사랑의 깊이가 똑같아지는 것이 아니다. 성경은 천국에 들어가도 크고 작음(마 18:4)으로 구분된다고 하였다. 예수님께서는 "누구든지 이 계명 중의 지극히 작은 것 하나라도 버리고 또 그같이 사람을 가르치는 자는 천국에서 지극히 작다 일컬음을 받을 것이요 누구든지 이를 행하며 가르치는 자는 천국에서 크다 일컬음을 받으리라" 또 "내가 진실로 너희에게 말하노니 여자가 낳은 자 중에 세례요한보다 큰 이가 일어남이 없도다. 그러나 천국에서는 극히 작은 자라도 그보다 크니라"(마 11:11)라고 말씀하셨다.

예수님께서 말씀하신 천국에서도 큰 자와 작은 자로 구분된다고 말씀하셨고 세례요한을 비유하시며 말씀하신 천국에서도 역시 큰 자와 작은 자로 구분하여 말씀하신 것을 볼 때 성도들이 천국에 가면 영적인 상태가 모두 같아지는 것이 아니다.

천국에서 크고 작다로 구분된다는 것은 세상에서 연단 받은 과정과 영적 수준, 사랑의 성숙과 상급의 차이 등을 말한다. 성도가 각각 다르게 충성한 열정과 크고 작은 고난의 연단으로 사랑이 차별되게 성숙하여 각자가 행한 대로(계 20:13) 받게 되는데 천국 가면 받게 되는 상급과 사랑의 깊이와 성결의 수준 등이 모두 같아질 수 없다.

성도들이 천국에 들어가는 순간 예수님의 피 공로가 구원과 함께 상급과 사랑의 수준과 성결의 깊이까지 일률적으로 똑같아지도록 영향을 주는 것으로 해석한다면 이는 성경을 잘못 해석하는 것이다. 예수님의 피 공로는 구원까지지 그 이상은 각자의 행위대로 받는다.

세례요한에게 비유로 말씀하신 천국이 낙원(헬 $\pi\alpha\rho\alpha\delta\epsilon\iota\sigma\varphi$) 천국이라면 거기에는 구약시대 구원받았던 모든 성도들과 거지 나사로도 있고(눅 16:23) 예수님 오른편에 있던 강도도 있고(눅 23:43) 임종 때 극적으로 구원받은 성도들도 있다. 아무렴 세례요한이 영적 수준과 사랑 성숙이 부족하여 낙원 천국에서 받을 상급이, 사랑의 깊이가, 성결의 수준과 쓰임의 역할이 그들보다 적고 부족하겠는가?

세례 요한을 비유한 그 천국이 어떤 천국인지를 정확하게 해석하기는 어렵지만 예수님께서 말씀하신 그 천국은 사람이 창조되기 전 하나님께서 천사들과 오랫동안 함께 생활했던 본래의 최종 천국으로 해석된다.

사람이 창조되기 전 수천억만 년을 하나님과 함께 생활한 천사들도 하나님이 주시는 힘으로 쓰임 받고 있지만, 천사들의 역할과 능력과 쓰임 받는 신분과 위치도 같지 않은(단 10:11-14, 계 11:16) 것을 볼 때 성도들이 천국에 간다고 해서 성도들 모두가 똑같아지는 것이 아니다.

구원받은 성도들이 천국에 가서도 계속하여 사랑이 성숙된다는 기록이 성경에는 없기에 단정할 수는 없지만, 모두를 똑같이 사랑하시는 하나님은 본 천국에서 영생하는 모든 영혼들이 서로 차별 없이 온전해지는 최고의 수준으로 성장하여 최종적으로 성도들 모두가 하나님과 하나(요 17:17-23)가 되기를 원하신다. 따라서 천국에 간 영혼들은 하나님께서 원하시는 그 수준까지 계속 성장하는 것이다.

사도 바울도 하나님의 이 깊은 뜻을 알고 있었다. 그래서 그는 하나님의 자녀로서 완벽한 수준까지 성장한 성도라 해도 예수님께 더 온전하게 잡힌 바 된 그것을 잡으려고 자신은 [어디까지 이르렀든지] 높은 경지의 푯대를 향하여 끊임없이 달려간다고(빌 3:12-14) 하였다.

"만일 어떤 일에 너희가 달리 생각하면 하나님이 이것도 너희에게 나타내시리라. 오직 우리가 어디까지 이르렀든지 그대로 행한 것이라"(빌 3:15-16)라는 말씀처럼 영적 수준이 사도 바울처럼 높은 수준까지 성장한 성도들이라 할지라도 사랑의 성숙과 거룩함의 깊이는 계속되어야 한다. 이러한 것이 바로 완료가 없이 영원토록 계속 진행되는(요 13:1; 살전 4:3) 현재 진행형 성결이다.

12
부자 청년과 부자의 정의

사람들이 간음한 여인을 예수님에게로 끌고 왔다(요 8:1-11). 율법대로 하면 그 여인은 그 자리에서 돌로 맞아 죽을 수도 있다 (레 20:10; 신 22:22). 예수님이 산에서 강도 만난 사람 비유를 하셨을 때, 제사장과 레위지파 사람을 비유하셨다. 그들이 죽어 가는 사람을 두고 그냥 지나쳤던 이유는 그들은 사람이 죽어가면 서 흘리는 피에 접촉되면(레 5:2; 민 9:7) 성전에서 자신의 역할 을 할 수 없기 때문이다.

예수님께서는 간음한 여인을 성경의 법대로 돌에 맞아 죽게 할 수도 있었지만 예수님은 그렇게 하시지 않았다. 제사장과 레위 사람처럼 성경의 법을 지키는 것도 중요하지만, 사마리아 사람이 강도를 당한 사람에게 사랑으로 행동한 것처럼 예수님은 그 여인을 용서하셨다. 예수님은 율법을 반드시 지켜야 하는 신앙생활보다 사람을 사랑하는(롬 13:10) 더 깊은 경지의 단계가 있음을 깨우쳐 주시려는 것이다(눅 10:25-37).

하나님께서 처음부터 계획해 놓으신 1차 믿음으로 구원과 2차 사랑으로 구원을 완성해야 한다는 것을 강조하기 위해 성경에 등장하는 인물들을 살펴보자.

첫째, 부자 청년이다. 이 청년은 영생이라는 깊은 뜻을 모르는 상태에서 천국에 들어가는 것보다 한 차원 높은 영생(마 19:16)을 질문했다. 예수님은 그 질문한 부자 청년에게 '네가 온전(헬 τετελείωμαι, perfect, 마 19:21)하고자 할진대'라고 말씀하셨다.

perfect라는 말은 대상과 상황을 가리지 않고 아무에게나 함부로 쓸 수 있는 말이 아니다. 그 청년이 지금까지 율법을 지키는 신앙생활을 모범적으로 해왔고, 높은 수준의 영생을 예수님께 질문했기에 예수님은 그 청년의 신앙과 질문의 수준에 맞게 '온전(헬 τέλειος)'이란 수준 높은 말을 사용하신 것이다.

높은 수준의 질문을 한 부자 청년에게 예수님께서 하신 말씀은 "너의 제물을 모두 팔아 가난한 사람들에게 나눠준 후 12 제자와 함께(마 8:21-22) 주를 따르라"였다. 그는 율법을 지키는 믿음으로 받게 되는 1차 구원만 알고 있었고, 재물이 많은 부자인지라 근심하며 예수님을 떠나갔다(마 19:20-23).

세례 요한의 때부터는 모든 성도가 최선을 다하는 열정적인 충성으로 천국을 자기 것으로 빼앗아야 하는(마 11:12) 시대가 시작된 것을 안타깝게도 부자 청년은 이해하지 못했다. 아니 시대적 상황으로 이해하기 어려웠다.

1차 믿음으로 들어가는 구원이 값없이 주시는 은혜로(롬 3:24) 들어가는 낙원 천국이라면, 남다르게 열정적으로 충성하는 성도들에게 더욱더 잘하라고(마 13:12; 눅 19:25-26; 요 15:2) 특별하게 주시는 은혜를 받아 최선을 다하는 충성으로 침노하는 사람만이, 곧 빼앗는 사람만이 들어가는 곳이 2차 수준 높은 사랑으로 들어가는 본 천국이다.

예수님은 뒤돌아서 가는 부자 청년을 보시면서 부자가 천국에 들어가는 것이 낙타가 바늘귀로 들어가는 것보다 어렵다고 말씀하셨다(마 19:23-24). 그 말씀은 상류계층의 부자들은 천국가기 어렵다는 말도 아니고, 신앙생활을 잘하고 있는 그 부자 청년이 천국에 들어가지 못한다는 말도 아니다.

예수님께서 말씀하신 부자란 좋은 환경에서도 남다르게 모범적인 신앙생활을 하는 성도에게 하나님께서 제2차 구원을 받는 기회를 주시려 하실 때 세상에 대한 미련 때문에 자신의 모든 걸 버려야 할 단계에서 온전히 순종하지 못하는 사람이다. 온전히 순종해야 할 때 갈등하며 결국 뒤돌아서는 신앙의 행위를 예수님은 부자라 하셨다.

부자 청년은 기득권의 축복을 타고났던 사람이다. 좋은 조건의 환경에서 성장하여 젊은 나이에 관직이란 직책(눅 18:18)까지 갖고, 지금까지 지키는 신앙생활을 모범적으로 잘하고 있는 하나님의 자녀다. 하나님의 1차 구원관은 구약의 율법적 신앙으로 종교생활을 지키는 신앙생활까지다.

종교적 행위를 지키는 믿음으로 받는 1차 구원에서 예수님을 닮아가는 삶, 즉 마구간에서 태어나 33년 중 공생애 3년을 사역하시며 온갖 수난을 겪으시다가 골고다 십자가에서 죽으시고 부활하신 예수님의 발자취를 따라가려는 성도들에게 주시려는 하나님의 선물이 제2차 사랑으로 완성되는 구원이다. 사랑은 율법의 완성(롬 13:10)이다.

마지막 때를 살아가는 성도로서 1차 구원만 알고 있다면 예수님의 발자취를 따라가는 신앙생활이 어떠한 신앙생활인지 구체적으로 이해하기 어렵다. 1차 구원만 알고 있는 성도로서 예수님의 삶을 닮아가려고 온갖 고난과 시련을 겪으며 열정적으로 충성하는 성도들을 볼 때 저 성도 '좀 지나친 신앙생활을 하는 것은 아닌가?' 또는 '믿음이 좋으시네. 상급을 많이 받겠네'라는 평가 정도를 할 뿐이지 예수님의 발자취를 따르는 성도와 함께 어울리며 열정적으로 충성하기는 어렵다.

부자 청년이 또 한 가지 알아야 할 것은 하나님께 받은 것이 많은 사람에게는 하나님께서 더 많은 것을 요구하신다는(눅 12:48) 사실이다. 받은 것이 많은 사람은 이 사실을 명심하여 주변 성도들과 비교하지 말고 봉사의 땀과 헌신의 눈물, 희생의 피를 더 많이 흘려야 한다. 남다르게 열정적인 충성을 하게 함으로써 심판의 균형을 공평하게 맞추시려는 하나님께 인정받는 성도가 되어야 한다.

13

하나님의 성결을 위한
특별 훈련

1차 구원을 받은 후 지금까지 받은 연단과 시련보다는 다른 차원의 훈련을 받게 되는 2차 구원관은 서머나 성도들에게 죽도록 충성하라 그리하면 생명의 면류관을 받게 된다는 수준의(계 2:8-10) 신앙생활이다. 그렇다고 모든 성도들이 서머나 교회 목회자와 성도들처럼 처음부터 고난으로 시작하여 고난으로 끝나는 신앙생활을 하라는 것은 아니다.

구원받은 성도가 열정적 충성으로 영, 육간의 축복을 받았다 해도 어떤 계기를 통해 열정이 식어지면 받은 바 구원을 지킬 힘이 약해지면서 받은 바 구원을 빼앗길 수(마 12:43-45)도, 잃어버릴 수(마 13:47-50, 25:41-45)도 있다고 성경은 경고하고 있다. 심지어 구원받은 후에 새롭게 범한 죄를 회개하지 않으면,

죄를 죄인 줄 모르고 회개를 못 하면, 이미 기록되어 있는 생명책에서 지워질(출 32:33, 겔 33:13-16) 수도, 의인의 반열에서 떨어져 나갈 수도 있는 것이 성경에서 알려주는 구원이다.

마지막 심판 때 착각의 구원으로 가장 비극적인 심판을 받게 되는 유형의 성도들이란 경제와 권세, 명예로 높아진 신분으로 유명세를 누리고 큰 인물로 쓰이면서 존경받고 본인과 가족이 좋은 생활환경으로 풍족함을 누리는 성도들로서 받은 만큼 남다르게 보답해야 하는(눅 12:48) 분량을 하나님께 채워드리지 못하는 성도들이요, 그 복을 죽을 때까지 누리다가 자손에게까지 물려주려는 성도들이다. 그러므로 생활의 복을 누리며 살아가는 성도들은 하나님의 심판은 공정하고 공평하다는 것을 명심해야 한다.

그러나 조상과 부모로부터 기득권의 축복을 상속받아 높은 신분의 위치에서 생활의 복을 누리면서도 열정적 충성으로, 섬김의 종으로 신앙생활 하는 그 중심을 인정받아 중생 이후 성결과 사회적 성결을 사모하며 추구하는 신앙생활을 하게 되었다면, 1차 구원에서 2차 구원의 축복을 주시려고 수준 높은 사랑을 성숙시켜 주시려는 극심한 고난의 연단까지도 감사하는 신앙생활을 하고 있다면 그는 모두가 부러워할 수밖에 없는 하나님의 자랑스러운 자녀다.

둘째, 사도 바울이다. 사도 바울은 [나의 달려갈 길과 주 예수께 받은 사명 곧 하나님의 은혜의 복음을 증언하는 일을 마치려 함에는 나의 생명조차 조금도 귀한 것으로 여기지 아니하노라](행 20:24) 하셨는데 그 말씀 이전까지를 1차 구원관으로 신앙생활을 했다면, 예루살렘으로 들어가도록 인도함을 받는(행 20:22) 그 이후부터는 이전의 생활환경과는 전혀 다른 환경에서 그가 본 천국에 와서도 결코 변질되지 않도록 극심한 고난을 통해 성숙되는 특별한 사랑으로 받는 제2차 구원관을 위해 사탄과의 영적투쟁이 시작된 것이다.

중생 이후 성결과 사회적 성결의 깊은 경지의 신앙생활이 어느 단계의 신앙생활인지를 모르는 상태에서 하나님께 쓰임 받는 일꾼들은, 자신들이 전하는 말씀 증거로, 받은 바 강력한 은사로, 열정적 충성과 물질로 선행과 재능기부 등으로 죽는 순간까지 자신을 통해 많은 영혼들이 구원받고, 영 육간으로 치료받고, 문제가 해결되도록 그렇게 쓰임 받는 것이 하나님의 뜻이라고 생각한다.

제2차 구원관은 본 천국에서 결코 배반하지 않을 영혼들만을 추리시려는 특별훈련과정으로서 최후의 발악으로 하나님께 도전하는 사탄과의 씨름에서 자신을 통해 하나님께 승리의 기쁨을 안겨드리기 위해(욥 1:21) 연단 받는 훈련과정이다. 세상에서 능력의 일꾼으로 유명하게 쓰임 받는 것보다 이제부터는 하나님의 성결과 하나님의 승리를 위해 가족과 주변 사람들에게 점점 더 어려워지는 생활환경 때문에 불쌍하게 보일 정도로 삶 자체를 하나님께 올인하는 자랑스러운 일꾼이다.

이러한 하나님의 깊은 뜻을 모르고 일평생 대접받는 삶의 기간을 많이 누렸다면 그는 말년에 건강이 약해지고, 물질로 궁핍해지며, 삶의 환경이 열악해질 수 있다. 그때 쇠약해지는 건강과 경제적 어려움과 무시당하는 명예 등과 자신으로 인해 당하는 가족의 고통을 두려워하게 된다. 나타나던 능력이 나타나지 않으면 실망한다. 무엇 때문입니까? 하며 항변한다. 주변에서의 인간적 위로에서 힘을 얻으려 한다.

정경(正經)으로 포함되지 않는 베드로행전에서 주여 어디로 가시나이까?(쿠오바디스 도미네 Quo Vadis Domine)의 내용이 나온다. 한 점의 희망도 없는 원수 같은 사람들을 수준 높은 하나님의 사랑으로 품어주기 위해 예수님께서 다시 로마로 들어가시려는 것을 베드로에게 보여주시면서 베드로를 로마로 다시 들어가게 하여 거꾸로 십자가에 매달려(요 21:18-19) 순교하게 하신다.

최종적으로 절대감사와 절대순종을 훈련받아야 한다는 것을 깨달은 베드로와 사도 바울이었기에 자신을 통해 말씀으로 깨우침의 은혜가 전달되고, 놀라운 기적이 역사가 되고, 수많은 영혼들이 위로받고, 구원받고, 교회가 새롭게 세워지는 것을 본인도 제자들도 주변 성도들도 원하는 것이지만 그 모든 것이 중단되는 상황에 감사했다.

그러면서 사도 바울은 자신의 모든 것을 포기하는 신앙생활로서만이 가능한 하나님의 승리를 위해 "보라 이제 나는 성령에 매여 예루살렘으로 가는데 거기서 무슨 일을 당할는지 알지 못하노라 오직 성령이 각 성에서 내게 증언하여 결박과 환난이 나를 기다린다"(행 20:22-23) 말씀하셨다.

베드로와 사도 바울에게 사람의 성결, 사람의 승리, 세상적인 사랑이 아닌 자신의 모든 것을 팔아야 보화와 진주가 자신의 것이 되는 것처럼, 부자 청년이 자신의 전 재산을 모두 팔아야 하는 것처럼 이제부터는 마지막 훈련을 이해하지 못하고 실망하는 가족과 주변 성도들이 있다 할지라도 하나님의 성결과 하나님의 승리를 위해 자신의 모든 것과 생명까지 기꺼이 바치는 자랑스러운 성도가 되어야 한다.

14

착한 성품의 성도에게
약점이란

하나님의 기본적인 공의와 기본적인 사랑으로 심어주신 양심만으로도 사람은 어느 정도 깊은 경지까지 사랑을 성숙시킬 수 있다. 하나님께서는 선하고 온유한 사람을 참 좋아하신다. 믿음의 조상 아브라함과 이삭과 모세와 총리 요셉과 예수님의 육신의 아버지 요셉(마 1:18-19)과 나다나엘(요 1:47)도 온유한 성품을 바탕으로 고난을 통한 순종의 믿음을 성장시켜 쓰임 받은 사람들이다.

온유한 성품을 타고난 착한 사람들에게 약점이 있다면 주변 사람들을 적극적으로 챙기기 위한 과감한 추진력이 약할 수 있다는 것과 열정적인 충성으로 영혼 구원과 모범적인 예배, 말씀, 기도, 찬양 생활을 통해 받게 되는 하나님의 특별한 은혜로 쓰임 받기보다 사람의 기본적인 양심의 힘을 조금 더 의지하는 신앙생활을 할 때가 있다(창 20:1-7).

윤리와 도덕적인 면으로 생활에 모범을 보이는 착한 성도들은 교회 안팎으로 문제를 부드럽게 풀어나가는 데 많은 도움을 주고받는다. 그러나 신앙생활을 오래한 직분자들이 착한 자신보다 교회에서 인격적으로, 사회생활로 본을 보여주지 못할 때 심지어 목회자까지 비교 평가하게 되면서 1차구원에서 2차 구원으로 성장하는데 오히려 착한 성품이 장애가 될 때가 있다는 것도 참고해야 한다.

천국에 간 성도들이 천국에서 무슨 일을 하면서 영생토록 살아가는지 구체적으로 알 수는 없지만 천국의 수준 높은 사랑을 목표하는 제2차 성도의 구원을 모른 채 1차 구원만으로 천국가려는 성도들은 밤낮으로 쉬지 않고 거룩하다 거룩하다 거룩하다(계 4:8)만을 찬양하는 것이 천국의 삶이라고 생각한다면 그건 너무 지루하지 않겠는가? 라는 생각을 할 수도 있다.

수준 높은 천국의 사랑으로 거룩한 씨와 부활의 권능과 희생제물로 인정받는 경지까지 성장하는 믿음으로 천국에 들어가려고 기도하고 있다면, 천국에 가서도 사랑의 깊은 경지까지 계속 성장하기를 소원하는 영혼들이라면, 천사들과 함께 밤낮으로 거룩하다 거룩하다만을 외친다 해도 조금도 지루함 없을 것이다(시 104:33, 106:48, 119:164).

오히려 하나님께서 가장 좋아하신다는 찬송의 제사(히 13:15)를 올려드림으로 조금씩 조금씩 자신의 영혼이 깨끗해져 가고 있다는 깨달음의 은혜가 임하면서 하나님께서 허락해주시는 범위 안에서 하나님을 위한 성결의 깊은 경지까지 성장하게 된다.

세상에서부터 성도의 기본을 모범적으로 실천하면서 교회를 중심으로 열정적 충성과 수준 높은 사랑으로 영혼 구원과 불우이웃돕기를 기본으로 극심한 고난을 통해 성숙한 수준 높은 사랑으로 받게 되는 제2차 구원을 받으려고 최전방 총알받이로 피 흘리며 사탄과 싸우는 신앙생활을 하였기 때문이다.

하나님의 승리 하나님의 성결을 이루어 가는 신앙생활은 끝이 없는 현재 진행형으로서 영원토록 성장해야 한다는 것을 깨달은 영혼들은 천국에서도 하나님의 수준 높은 사랑을 계속 공급받으려는 영혼들끼리 서로서로 마음을 합하여 마음속 깊은 곳에서 시작되는 천상의 아름다운 화음(和音)으로 하나님께 찬양을 올려드리게 된다.

15

겨우(scarcely) 받는
구원

창세기로부터 계시록에 이르기까지의 시대마다 공통점이 있는데 그것은 모든 성도들이 자신들의 구원을 너무도 가볍게 생각한다는 것이다.

이러한 현상은 시대적으로 성도들의 신앙심이 약해서 나타나는 결과이기도 하지만 그보다도 시대적인 흐름에 편승하여 서로의 군중심리에 이끌려 '나는 또는 우리는 괜찮겠지, 선배 성도들도 특별한 것 없었는데, 모두 이렇게 신앙생활하다 천국 가셨는데, 우리들도 천국 가는데 무슨 문제 있겠어' 하며 안일한 생각으로 자신에게 베푸는 관용과 자기보호 능력을 강하게 발동시키는 똑똑한 바보들이 모든 일을 막연하게 대충 대충 넘기려는 인간의 기본습성 때문이다.

마지막 시대에 천국 가는 성도가 적을 수밖에 없는 이 비극적인 시대에, 어느 성도에게 진짜 성도와 가짜 성도를 구분하는 영분별의 은혜가 임했다면, 최종심판 때 '나는 너를 모른다'라는 말을 듣게 되는 성도들과 '착하고 충성된 종(마 25:21)아 어서 오너라 작은 일에도 최선을 다한 너를 사랑한다'라는 말을 듣는 성도를 정확하게 구분하는 영 분별(고전 12:10)의 은사를 누가 받았다면 아마도 그는 하루종일 눈물만 흘리며 살아가지 아니할까? 생각된다.

전 세계 10억 명 정도가 된다는 기독교인 중 20-30% 정도만 낙원천국에 가게 된다 해도 수많은 영혼들이 천국을 갈 수 있을 것으로 믿고 있었으나 낙원천국에 갈 수 있도록 천국 백성의 자격을 갖춘 성도들을 주변에서 쉽게 찾아볼 수 없기에 눈물을 흘린다는 것이다.

좁은 길을 가는 성도들이 적다고는 하지만 찾아보기 힘들 정도로 적다는 표현은 좀 과장된 표현이라고 말할 수 있겠다. 그러나 노아의 홍수 심판 때 모범적인 신앙생활로 구원을 받을 수 있었던 영혼들이 과연 몇 퍼센트였기에 그렇게 많은 사람들을 한 번에 죽게 하셨을까?

수많은 성도들이 제사를 드리려 성전에 와서 헌물을 드려도 하나님께 상달되는 예배자와 제물이 얼마나 적었으면(사 1:11-14) 그들이 마당만 밟고(사 1:12) 간다고 하셨으며, 차라리 누가 성전 문을 닫아주었으면(말 1:10) 좋겠다라고 까지 말씀을 하셨을까? 하나님께서 얼마나 마음이 아프셨으면, 사람들이 얼마나 하나님을 괴롭혔으면 말라기부터 세례요한 전까지 400년간 한 사람의 선지자도 보내주지 아니하셨을까?

나라와 민족을 위해 기도하는 유대인들도 많았을 텐데 이스라엘 백성 중 얼마나 많은 사람들이 타락했으면 민족 자체(롬 11:21)를 버리셨을까? 그 당시의 영적 상태가 지금보다 더 타락했기 때문이었을까? 부분적으로는 몰라도 전체적으로 볼 때 그 당시보다 현재가 더 타락하지 않았겠는가?

문제는 성도들이 확신하는 착각의 구원이 시대를 초월하여 끊임없이 이어져 왔다는 것을 부인할 수 없다는 것이 성경의 기록이요, 이러한 현상은 어느 한 시대에만 적용되는 것이 아니라 태초부터 지금까지 성도들에게서 나타나는 공통적인 현상이라는 것이다.

이스라엘 백성들이 길고 긴 40년의 광야 생활을 마치고 가나안 복지를 들어가기 바로 전 그들이 가나안으로 들어간 후 하나님을 배반할 것이라고 하나님께서 모세에게 말씀하셨다. 요단강이 갈라지는 역사, 하나님의 방법으로 기적처럼 여리고 성이 무너지고, 승승장구로 가나안 일곱 족속을 물리치는 놀라운 체험들을 하게 될 것을 하나님께서는 미리 알고 계셨다.

그러나 먹고 살기가 편안해지면 그들은 그 지방의 신들을 음란하게 섬길 것이며, 결국은 하나님을 배반할 것이라고 말씀하셨다(신 31:15-16). 그들은 그랬지만 우리는 다르다 라고 말할 수 있겠으나 사람 자체가 바로 그런 족속들이다. 그래서 시대를 초월하여 착각의 구원에 빠져 신앙생활하는 성도들이 많을 수 있다.

편안한 삶을 추구하는 사람들은 계속해서 문화와 문명을 발전시켜 안락하고 편안한 삶의 혜택을 누리려 한다. 어느 누가 고통과 아픔과 괴로움을 좋아하겠는가? 가나안복지에 들어가 놀라운 기적을 체험했으나 이스라엘 백성의 삶이 살찌게 편안하면 그들은 또 다시 하나님을 배반할 것(신 31:20-21)을 말씀하셨듯이 문명의 혜택으로 최고의 수준을 누리며 살아가는 라오대게아교회와 같은 현대의 성도들은(계 3:14-19) 영적 상태를 수시로 점검해 보아야 한다.

첫째 부활로 본 천국을 들어가는 것은 차후의 문제이고 낙원천국만은 꼭 들어가기를 원한다면 그는 편안하고 안락한 삶은 최대한 빠르게 스쳐지나가게 하고 신약의 모든 성도들은 누구나 예외 없이 큰 고난 속에서 순종의 능력을 강하게 키워주시는 하나님의 은혜로 사탄과의 싸움에서 승리하여 낙원천국을 더 나아가 본 천국에서 영생하는 신앙목표를 세워야 한다.

사도 베드로는 온전한 구원을 위해 구원이 계속 자라가야(벧전 2:1-3) 한다고 하시면서 올바르게 깨달아야 할 성경의 참 진리를 깨닫지 못한다든가 성경을 잘못 해석하면 이미 구원받은 성도라 할지라도 굳센 데서 떨어져 나갈 수 있음을(벧후 3:16-17) 경고하셨다.

사도 베드로는 더 심각한 표현으로 교회와 성도들이 먼저 심판을 받게 된다는 마지막 때는 성령님을 모시고 신앙생활하는 구원받은 의인이라도 받은 바 구원을 끝까지 유지하며 낙원천국에 들어가기가 매우 어렵다는 것을 강조하셨다. 그래서 베드로는 의인이라도 겨우 구원을 받는다(벧전 4:17-18) 말씀하셨다.

겨우(헬 μόλις σώζεται, scarcely)란 간신히, 힘들게라는 뜻이다. scarcely를 I can scarcely believe it이란 문장으로 해석하면 거의 믿을 수가 없다는 뜻으로서 마지막 때는 대부분의 성도들이 자신은 천국 갈 것으로 믿고 신앙생활하고 있지만 안타깝게도 천국 가는 성도가 거의 믿을 수 없을 정도로 적다는 것이다.

16
천국은 하나로 통합된다

마지막 때 1차 믿음으로 구원에서 2차 사랑으로 구원을 받게 되는 올바른 구원관을 주장하는 어느 성도가 사도 베드로처럼 현재 신앙생활하는 대부분의 성도들이 아주아주 힘들게 그것도 너무도 적은 수(數)로 겨우겨우(scarcely) 구원을 받게 될 것이라고, 현재 신앙생활하는 많은 성도들이 천국가기가 심히 어려울 것이라고 주장한다면 그것은 현재 신앙생활하는 성도들에게 구원의 문제가 있음을 지적한 것이다.

그러므로 성도들을 양육하는 목회자로부터 부모와 지도자와 모든 성도들에게 대혼란이 발생하게 되어 아마도 그 영 분별의 은사를 받았다는 성도는 얼마 못 가서 많은 사람들에게 뭇매를 맞고 이단으로 배척당하여 사회적으로 매장될 것이다.

예수님께서 박해를 받으신 것도 화 있을진저(마 23:23-36) 하시면서 바리새인과 서기관들에게, 더 나아가 율법사와 대제사장에게까지 하나님과 상관이 없는 사람으로(마 7:13-14) 책망하셨기 때문이다. 마지막 때란 비 진리를 외치는 이단들이 왕성하게 활동하는 반면 신앙생활에 꼭 필요한 말씀이지만 많은 사람들에게 호응을 받지 못하여 똑같이 이상한 사람으로 또는 이단으로 몰리기 쉬운 시대가 마지막 때다.

하나님의 자녀가 되기 이전에 사람다운 사람이 되라는 말씀을 자주 듣게 된다. 하나님의 자녀들이 언행심사로 윤리와 상식과 정직한 생활로 신자와 불신자들에게까지 양심적으로 본이 되지 못한다면 그는 본 천국은 생각지도 못할 뿐 아니라 낙원천국도 들어가기 어려운 성도라 해도 과언(過言)은 아닐 것이다.

하나님께서는 태초의 사람들로부터 율법을 주시기 전까지는 종교적인 행위를 실천함으로 믿음 소망 사랑을 성장시키시려는 것보다 하나님과의 직접적인 관계를 통해 개인의 양심을 기준으로 스스로 판단하여 하나님 말씀에 순종(창 22:1-12, 26:1-5)하는 훈련을 시키셨다.

시대를 초월하여 성결의 깊은 경지까지 성장하기를 원하는 모든 성도들은 종교적인 행위를 실천하는 데 있어서 모범적인 성도로 인정받는 것은 물론이거니와 깨끗한 양심을 기본으로 윤리, 도덕, 정직한 생활에 있어서도 하나님께와 사람들에게 모범된 성도로 인정받아야 한다.

이것이 중생 이후 성결과 사회적 성결의 기본이다. 지금은 낙원천국과 사람이 창조되기 전 수천억만 년을 천사들과 함께 생활하셨던 본 천국이 분리되어 있지만 때가 되면 천국은 하나로 통합된다. 하나님께서 계획하셨던 천국은 처음부터 오로지 하나다.

17

중생 이후 성결, 사회적 성결

천년의 교육기간이 지난 후 잠시 풀려난 사탄이(계 20:7) 곡과 마곡을 미혹하여 천년동안 지도받고 교육받은 성도들끼리 서로 편이 갈라지게 한다. 서로 간에 자신들이 하나님의 뜻을 정통으로 깨달았다며 상대편 지도자들에게 모르고 끌려가는 수많은(계 20:8) 영혼들을 구해주어야 한다는 명분을 내세워 한쪽은 공격하고 한쪽은 공격을 방어하기 위해 성도들끼리 싸운다.

하나님께 속한 영혼들을 공격하기 위해 성도들의 진(camp, 陳)과 사랑하시는 성(city, 城)을 포위한 사탄과 사탄에게 조종 받는 바다 모래처럼(계 20:8) 많은 무리들은 결국 사탄과 함께 불과 유황으로 최종심판을 받는다(계 20:10). 하지만 끝까지 하나님 편에서 흔들리지 않았던 영혼들은 둘째 사망의 최종시험을 통과하게 된다(계 20:4-10).

첫째, 부활에 참여하는 성도들의 신앙수준이란 천국 가는 것만을 목표하는 신앙생활이 아니다. 절대감사와 절대순종으로 본 천국에서 영생할 수 있는 성도로 인정받으려고 사탄의 성품인 죄성을 하나님의 성품인 사랑으로 승화시켜주시는 중생 이후 성결과 사회적 성결의 경지까지 성장하기 위해 죽는 순간까지 최선을 다하는 죽도록 충성으로 몸부림치는 온전한(헬 τετελειωμένοι, 계 20:4) 성도들이다.

평소에 정치 성향이 강하여 편 가르기를 좋아하며 인간적으로 논리적으로 잘잘못을 따지기 좋아하며 목회자와 부모와 가족과 성도들과의 관계가 원만하지 못하여 미워하기까지 하며 주를 위함이라는 온갖 명분을 내세워 성도에게, 교회에게, 교단에게 손해를 끼치며 편 가르기로 주변의 연약한 성도들을 싸움판으로 몰아가는 지도자와 성도들은 낙원천국에 들어가기도 어려울 뿐만 아니라 낙원천국에 들어왔다 해도 마지막으로 본 천국에서 영생할 수 있도록 한 번 더 기회를 주시려는 둘째 사망의 시험을 통과하기 어렵다. 다시 한번 강조하지만 본 천국은 절대순종 절대감사의 신앙으로만 들어간다.

1차 구원에서 2차 구원으로, 중생 이후 성결에서 사회적 성결을 사모하며 추구하는 성도들이 지향하는 신앙생활을 비유해 본다면 세상의 죄악으로 오염되어 건강을 해치는 더러운 공기를 맑은 공기로 정화하는 공기청정기처럼, 더럽고 악취 풍기는 썩은

물을 흡수하여 1급수로 정수시키는 성능이 뛰어난 정수기처럼, 온갖 때가 더덕더덕 찌들은 옷을 빛이 날 정도로 희고 깨끗하게 빨아주는 신령한 대형세탁기 같다.

또 살 속으로 파고들어 온 돌로 인해 상처의 아픔과 쓰라림의 오랜 기간을 참고 견디고 인내하면서 살을 썩어가게 하는 돌을 내 몸처럼 사랑으로 품고 삭이어서 평범했던 조개가 끊임없이 괴롭히는 돌 때문에 생명이 연장되면서 진주조개가 되는 것처럼, 자신을 죽이려고 날아오는 돌에 맞아 고통 속에서 죽어가면서도 저들에게 죄를 돌리지 말아달라는(행 7:59-60) 사랑의 기도로 상처를 입힌 피 묻은 돌 하나하나를 보석으로 변화시켜주시는 축복을 받는 경지까지 성장한 성도다(계 20:4).

자신에게 잘하고 잘못한 사람들을 위해 더 나아가 하나님께 잘하고 잘못하는 사람, 사람들에게 잘하고 잘못하는 사람들을 똑같이 사랑하기 위해 중보회개와 중보기도를 성실하게 감당하는 신앙생활습관을 오랜 기간 실천하는 성도들로 비유된다.

18

하나님과 성도를 이간시킨다

성도들이 성결의 깊은 경지까지 성장하여 하나님의 힘이 나의 힘이 되고, 나의 힘이 하나님의 힘이 되는 부활의 권능으로 하나님의 승리를 이루어 드리는 자랑스러운 일꾼의 단계까지 성장한 성도들이 특별히 조심해야 할 것은 포기를 모르는 사탄이 고단수로 교묘하게 심령을 갈등시키며 침투하는 시험이다.

성도가 귀하게 쓰임 받으면 받을수록 포기를 모르는 사탄은 시기가 가득하여 분을 삭이지 못한 채 식식거리며 주절거리는 말이 있는데, 그 말이란 곧 시대를 초월하여 우주 만물 어느 곳에서든지 발생하는 크고 작은 사건과 결과들이 하나님께서 관여하지 않으시고 하나님 모르게 이루어진 일이 어디 있겠느냐고. 세상의 모든 결과는 하나님께서 미리 알고 계셨고 하나님께서 미리 정하신 예정대로 이루어진 것이라고 주장한다.

자기들이 사탄이 된 것도 만세 전에 하나님이 미리 알고 계신 하나님의 예정대로 사탄이 된 것이라고 괴성을 지르면서, 성결의 깊은 경지까지 성장했다고 좋아하는 것들아, 천국에 왔다고 좋아하며 착각하는 미련한 놈들아, 너희도 별 수 있겠느냐. 만약에 하나님께서 예정한 것이 있다면 너희들도 언젠가는 우리처럼 천국에서 쫓겨나게 될 것이라고 주절거리며 하나님 아버지와 성도들 사이를 이간(離間)시키려 한다.

사탄은 사람들을 두렵게 하려고 천하 만물을 요동치게 하여 하늘에서 불이 내려오게 할 수도 있고, 자연의 섭리를 활용하여 바람을 강력하게 이동시켜 성난 파도와 폭풍과 홍수와 자연재앙 등으로 사람들에게 큰 피해를 입힐 수도 있으며, 개인과 감당하기 어려울 정도의 큰 무리를 선동하여(욥 1:13-19, 마 8:23-27) 전쟁과 난리와 기근과 사상적으로, 정치적으로 대립하는 양극화 현상으로 성도들을 괴롭히면서 믿음을 흔들고 서로 싸우게 할 수도 있다.

사람들을 공포로 휘몰아가며 낙심과 절망을 시키며 때로는 달콤함으로 사람들을 유혹하는 사탄에게 하나님께서 말씀하시기를 사탄아 너희들이 그들을 유혹해도 소용없다. 그들은 끝까지 하나님 편에서 승리한 사랑받는 자녀들이다. 그들은 남들이 기피(忌避)하는 상처와 손해와 고통과 고난을 자원했으며, 많은 사람들에게 선행을 베풀며, 하나님께 순교적 신앙으로 부활의 권능(

빌 3:10)과 절대순종 절대감사로 순종의 능력을 공급받으려고(히 5:8) 극심한 고난을 자원(신 30:19)하여 1차 믿음으로 구원에서 2차 사랑의 구원까지 성장할 수 있도록 올바른 구원관을 깨달아 올바르게 신앙생활을 한 성도들이라고 말씀해 주신다.

그들은 둘째 사망의 해(계 2:11)를 받지 않으려고 살아생전 세상에서 당하는 고통을 잘 극복하면서 받은 바 성령충만으로 열정적인 충성과 중보기도와 중보회개를 통해 사랑을 성숙시키는 중생 이후 성결과 사회적 성결, 더 나아가 하나님의 성결과 하나님의 승리를 위해 수준 높은 성결의 경지까지 성장한 성도들이라고 말씀해 주신다.

그 순간 하나님께서는 끝까지 하나님 편에서 승리한 그들과 함께 승리의 기쁨을 누리시며, 하나님께서 그 성도를 통해 영광을 받으시고 동시에 그 성도도 하나님께서 베풀어주시는 영광을 받게 된다(요 12:23-28). 하나님의 자녀들로서 예수님처럼 하나님께 영광을 돌리고 동시에 영광을 받는(요 13:31-32) 축복이 사중복음의 중생 이후 성결과 사회적 성결을 사모하는 성도들과 1차 믿음으로 구원에서 2차 사랑으로 구원의 경지까지 성장을 희망하고 소원하는 성도들이 받게 되는 복중의 복이다.

19
구원을 지켜주는
수준 높은 성결

하나님께서는 구원받은 성도들에게 받은 바 구원을 잃어버리지 않게 해주시려고 보다 깊은 경지까지 성장하도록 훈련을 시키신다. 성결의 시작이란 구원받을 때부터이며 받은 바 구원을 지켜주시려고 시키시는 훈련이 수준 높은 성결이다. 성도들에게 수준 높은 성결까지의 성장이란 받은 바 구원을 지키기 위한 몸부림이요 그 몸부림이 곧 올바른 구원관이다.

사탄이 임금으로 군림하는 세상에서 죄성을 품고 살아갈 수밖에 없는 성도가 구원받은 후 성결의 깊은 경지까지 성장을 목표하지 않으면, 그 목표까지 성장하려고 최선을 다하지 않으면 그는 받은 바 구원 지키기 어렵다.

구원과 성결이란 떼어놓을 수 없는 관계인데 구원받은 성도로서 중생 이후 성결 사회적 성결을 모른다면 관심 자체가 없다면, 신학적으로 신앙적으로 교육받은 적이 없다면 그는 신앙생활을 잘못하고 있는 것이다. 구원받은 성도에게 가장 중요한 것은 성결이 무엇인지를 깨닫는 것이다. 성결이 무엇인지를 깨달았다는 것은 성결의 시작부터 수준 높은 성결까지 성장을 위해 어떠한 과정을 통과해야 하는지를 깨달았다는 것이다.

받은 바 구원을 지키는 데 다시없이 중요한 역할을 하는 성결을 성경을 근거로 하여 보다 자세하게 살펴보면 성결이란 1인칭 성결과 2인칭 성결과 3인칭 성결로 구분된다.

1인칭 성결(수 3:5, 벧전 1:15)이란 개인적으로 남다르게 수준 높은 신앙생활로 하나님께 인정받는 성결이요 2인칭 성결(벧전 1:16)이란 자신이 수준 높은 신앙생활로 하나님께 인정받았으니 가족을 필수로 하여 부모로서 자녀들에게, 목회자로서 맡겨진 양떼들에게, 스승으로서 제자들에게, 하나님 자녀로서 주변에 가깝게 지내는 성도들 모두가 자신과 같이, 오히려 자신보다 더 높은 수준의 신앙생활로 하나님께 인정받도록 최선을 다하여 함께 인정받는 성결이다.

성결을 사모하며 추구하는 성도로서 개인적 성결을 하나님께 인정받으려고 최선을 다하는 것은 특별히 흠잡을 것이 없지만 더불어 함께라는 2인칭 성결을 간구하는 성도로서 가족들과 주변 성도들과 가깝게 지내는 사람들과 함께 성결의 은혜를 인정받을 수 있도록 최선을 다해야 한다.

그렇게 하지 않는다면 그는 하나님께서 자녀들에게 마음 깨끗한 성결을 강조하시는 아버지 하나님의 깊은 뜻을, 즉 수준 높은 성결을 통해 영생천국으로 인도하시려는 하나님의 애절하고도 눈물겨운 구원의 깊은 섭리를 아직 깨닫지 못한 성도다. 마음 깨끗한 하나님 품 안에서 하나 되기를 목표하는 것이 성결이다.

하나님께 인정받은 성경의 인물 중 자신이 받은 바 수준 높은 믿음을 자녀들에게 상속시키지 못한 모세, 사무엘, 기드온 등 여러 명 된다. 이러한 것을 합리화하여 2인칭 성결에 본이 되는 결실을 맺지 못한 것에 마음의 위안을 삼으려 하면 안 된다. 2인칭 성결을 사모하는 사람으로서 가족과 주변 성도들과 가깝게 지내는 사람들의 성결에 좋은 결과가 없음에 부끄러운 마음으로 평생을 중보기도와 죽을 때까지 회개해야 한다.

사회적 성결(히 12:14)이란 3인칭 성결로서 나와 너 그리고 우리로 범위를 확대시켜 세상 사람 모두가 수준 높은 신앙생활로 하나님께 인정받기를 목표하는 성결이다.

더 나아가 성결을 그토록 사랑하시는(말 2:11) 하나님 아버지의 마음을 누구보다도 따뜻하게 위로해 드리기 위해, 하나님께서 자랑하시고 싶은 자녀가 되기 위해, 하나님의 승리만을 위해, 사람의 성결 차원을 넘어 하나님만을 위한 성결로서 목숨이 끝나는 순간까지 사람으로서 허락받을 수 있는 최고의 깨끗함과 수준 높은 사랑의 경지까지 성장을 위해 최선을 다하려는 것이 사회적 성결(social holiness)이다.

사회적 성결이 과연 실현성이 있는 성결인가 반문할 수도 있겠으나 그럴 때마다 그럼 하나님께서 모든 사람이 구원을 받으며 진리를 아는 데에 이르기를 원하시느니라(딤전 2:4, 벧후 3:9)는 성경 말씀을 어떻게 생각하는지, 대답을 먼저 요구해 볼 만하다.

20
성결이란(1)

성경에서 설명되어진 성결과 죄인은 칭의(稱義, Justification) 되고 거듭날 뿐만 아니라 예수 그리스도의 사랑의 마음 과 모두를 위해 희생적인 삶을 닮아가야 함을 강조한 John Wesley(1703-1791)의 성화(sanctification), 즉 성결과 C&MA 창시자 Albert B. Simpson(1843-1919) 목사가 주장하는 사중 복음에서 중생 이후에 체험하게 되는 성결(holiness)로 구분된 다. 성경에서 성결이란 용어가 사용될 때 명확하게 구분되는 것 은 아니지만 그래도 조금씩 다르게 사용됐다.

사람 몸 자체의 성결(역상 15:12,14)과 자신의 성결(수 3:5), 즉 사람의 외적인 면을 깨끗하게 하는 성결로 사용될 때는(출 19:10, 14, 22) sanctify를 사용했고, 성소의 제단과 제물을 깨끗하게 할 때는(레 16:19, 민 6:11) hallow를 사용했으며, 사람의 마음을 성결하게 정화시킬 때는(요11:15 약 4:8) purify를 사용했고, 성결의 영으로 사용할 때는(롬 1:4) holiness를 사용했으며, 거룩하고 신령한 여호와께 성결로 사용될 때는(출 28:36, 39:30, 슥 14:20) HOLINESS를 사용했다.

하나님께서는 사람의 몸과 마음의 깨끗과 생활 속의 깨끗과 영혼의 깨끗함에 있어서 어느 한쪽으로 치우친 부분적 깨끗이 아닌, 언행심사(言行心事)와 생활을 통해 영, 혼, 육 모든 분야에서 깨끗함을 하나님께 인정받아야 한다는 것과 사람의 깨끗과 하나님의 거룩과는 그 수준과 차원이 다를 수 있다는 것과 사람을 더럽히는 통로는 매우 다양하기에 그 통로를 차단하기 위해서는 민생고(民生苦)를 해결하기 위한 여러 상황의 인간관계와 접촉의 대상과 몸치장을 위한 의상(衣裳), 화장술(化粧術), 장신구(裝身具) 등까지 모든 면으로 단정하고 깨끗해야 함(렘 4:30, 호 2:13)을 깨우쳐 주시려는 것이다.

사람이 하나님께 수준 높은 성결의 은혜를 받기 위해서는 매달리고, 싸우고, 버리고, 채우는 신앙생활을 통해 하나님께 공급받아야 할 사랑의 수준과 깊이가 다를 수 있다는 것을 깨우쳐주시려고 성결이란 용어를 조금씩 다르게 사용하셨다.

하나님께서는 하나님의 자녀들에게 기회 있을 때마다 성결을 강조(수 3:5, 살전 4:3, 약 4:8 벧전 1:15-16) 하셨다. 하나님의 자녀들은 왜 성결을 사모하는 신앙생활을 해야 하는가? 성결은 어디서부터 시작되었고 시작된 성결은 어디를 향하여 달려가야 하는가? 성결은 하나님의 속성으로부터 시작되었고 구원을 받으므로 시작된 성결은 천국을 향하여 달려가야 한다.

성결이 하나님으로부터 시작되었다는 것은 성결이 사모하며 추구하는 핵심은 하나님의 사랑이라는 것이요, 성결이 구원으로부터 시작되었다는 것은 지난날 모든 죄를 용서받는 순간 그는 새로운 피조물로 거듭 태어났다(고후 5:17)는 것이요, 성결이 천국을 목표로 달려간다는 것은 천국 백성의 자격을 인정받기 위해 사랑을 계속 성숙시키는 과정을 말한다.

구원으로 시작된 성결과 사랑의 성숙으로 성장하는 성결과 천국 백성의 자격을 목표하는 성결을 성도들이 올바르게 깨닫게 된다면 그는 1인칭 성결에서 2인칭 성결로 더 나아가 자연스럽게 3인칭 성결로 목표가 설정된다. 성결은 중생 즉 거듭나는 것으로부터 시작되는 것으로서(요 5:24, 고전 12:26, 고후 5:17) 사탄의 자식이었던 그가 하나님의 자녀가 되고 예수님의 지체로 예수님과 한 몸이 된 것이 곧 성결의 시작이다.

거듭남으로 성결이 시작된 성도는 예수님의 지체가 되었으니 예수님 안에서 예수님의 고난의 발자취를 따라가는(벧전 2:21, 마 4:19, 16:24) 삶이 시작된 것이다. 예수님께서 가신 길을 따라간다는 것은 예수님을 위해 살아간다는 것과 예수님을 닮아가는 것과 살아생전 예수님께서 행하셨던 사역을 삶 속에서 실천하다가 예수님처럼 삶을 마감하겠다는 것이다.

21

성결이란(2)

구원받은 성도들이 받은 바 구원을 지키기 위해 신앙 성장을 강조하신 귀한 성도들이 여러분 계시지만 그 중 감리교의 창시자(創始者, founding father) 요한 웨슬레 목사는 오직 사랑으로 그리스도의 성품을 닮아가고 생전의 예수님의 삶을 본받는 생활 속의 성결을 강조했다.

The Christian and Missionary Alliance(C&MA 1887년) 창시자 미국 장로교회 심프슨 목사는 거룩한 하나님의 성품을 닮아가는 성도의 신앙 성장에 도움이 되도록 중생 성결 신유 재림을 묶어서 사중복음(四重福音, Fourfold Gospel)이란 명칭을 사용하였다.

사탄의 자식이었던 불신자가 하나님의 자녀가 된 것을 분해하는 사탄이 호시탐탐 기회를 노리다가 구원받은 성도에게 이전보다 더 악하고 강한 귀신들을 침투시켜 구원받기 전보다 영 육 간에 형편이 더 악화될 것이라고, 악한세대의 많은 성도들이 그렇게 될 것이라는 예수님의 경고(마 12:43-45) 말씀을 구원받은 성도들은 심각하게 받아들여야 한다.

　모든 생명체가 그러하듯 새 생명으로 거듭 태어난 하나님의 자녀들은 천국 갈 때까지 계속해서 성장해야 하는데 그 성장은 믿음 소망 사랑의 성장이다. 구원을 받은 성도는 구원받기 전보다 더 큰 은혜를 사모해야 함을 강조하는 웨슬레 목사의 그리스도를 본받는 사랑의 성결과 심프슨 목사가 주장하는 중생 성결 신유 재림의 사중 복음에서 천국 백성의 자격을 인정받고 지키기 위해 중생(重生) 이후 성결이 성도들에게 얼마나 중요한 복음인가를 새삼 깨우쳐준다.

　성결을 하나의 깨끗한 거룩의 명사로 윤리와 도덕적으로 모범된 삶에 초점만을 맞춰서는 안 된다. 그렇다고 오염되지 않고 세상의 때 묻지 않은 순수함과 진실됨의 형용사로 감성(感性)에 치우친 성결로만 받아들여서도 안 된다. 성결은 반드시 자신의 원죄성과 모두의 죄악과 세상의 시스템을 통해 받을 수밖에 없는 악한 영향을 물리치며 순간순간 마귀를 대적하기 위해 끊임없이 투쟁하는 현재 진행형 동사로 성결을 사모하며 추구해야 한다.

　구원받은 성도는 구원받았을 때의 어린아이 수준(고전 3:1-2 히 5:12-14)의 깨끗함보다 하나님께서 원하시는 수준 높은 거룩함으로, 즉 사탄과 세상과 분리되었다는 기본적인 거룩함에서(출

22:31) 생활을 통해 인정받는 거룩함(벧전 1:15-16)으로, 더 나아가 책임은 곧 사랑의 시작이요 사랑은 곧 책임의 시작이기에 성도가 구원을 받은 후 받은 바 구원을 지키기 위해, 하나님 사랑, 사람 사랑, 자신 사랑으로 점도 흠도 없이 가능케 되는 온전함(마 5:48, 요 17:23, 약 1:4, 벧후 3:14)의 거룩함으로 끊임없이 성장해야 한다.

이러한 깨달음의 은혜를 받지 못한 대부분의 성도들이 그냥 천국만을 가기 위해 신앙생활하기에 받은 바 구원을 빼앗으려고 갖가지 방법으로 교활하고도 교묘하게, 더럽고도 치사하게 그리고 악랄하게 침투하려는 일곱 귀신(마 12:45)에게 무방비 상태로 당하여 착각의 늪에 빠진 성도들의 영적 상태를 가슴 아파하시는 Wesley 목사와 Simpson 목사는 비통한 심정으로 성도들의 온전한 구원을 고민하면서 기도 가운데 하나님께 지혜를 받아 사랑의 성숙으로만이 가능한 구원받은 이후 성결과 중생 성결 신유 재림의 사중복음(四重福音)을 외친 것이다.

PART 2
구원과 성결

the right sa

중생 이후 성결이란 예수님을 닮아가는 과정이라 하였다. 거듭나기 전 또는 거듭

난 후 어쩌다 마귀에게 유혹을 받아 죄를 범하여 강해진 죄성의 흔적들을 씻어내

고, 태우고, 뽑아내는 과정이 바로 수준 높은 성결을 향하여 끊임없이 달려가는

현재진행형 성결(current progressive holiness)이다

ation and the holy grail of God

22

유전적 원죄성과
후천적 죄성

중생 성결 신유 재림의 사중복음(The Fourfold Gospel)의 깊은 뜻을 깨달아 중생 이후 성결을 사모하는 신앙생활을 하기 위해서는 무엇보다도 사랑을 성숙시키는 훈련에 초점을 맞춰야 한다.

세상 사람들은 사랑의 성숙을 헌신적이고 희생적인 선행과 물질로 서로 도움을 주고받으며 가깝게 지내면서 주고받는 깊은 감동과 애틋한 감정과 좋은 느낌과 감각적 쾌감 등에 비중을 두지만, 하나님의 자녀들은 그러한 행위와 마음가짐 등을 주고받는 것으로도 모범을 보여야 되겠지만 성도들이 주고받는 사랑은 하나님 품 안에서 모두를 품고 모두에게 안기는 하나가 되는 깊이에 따라 마음이 깨끗해지며 성숙되어지는 사랑으로 인정받아야 한다.

심령의 깨끗이란 원죄성과 죄성을 약화시키거나 제거하는 것을 말한다. 불신자들은 원죄성과 죄성과는 상관없이 생활의 본이 되는 선행 등으로 사랑을 평가 받지만 성도들은 원죄성과 죄성을 약화시키고 제거시킨 정도에 따라 깨끗해진 심령으로 하나님께 인정받는 사랑의 선행과 감동적인 사랑이 되어야 한다.

사랑의 성숙은 원죄성과 죄성과 반비례한다. 원죄성과 죄성을 구분시키는 것은 원죄성(原罪性)은 신자, 불신자 모두 태어날 때부터 유전(遺傳)적으로 똑같이 물려받은 마귀성품이라면 사람의 지체 속에서(롬 8:18-23) 활동하는 죄성(罪性)은 사람마다 강도(強度)가 다르다.

죄성은 사람이 모태에 잉태되면서부터 태어날 때까지 산모의 심령상태와 의식주와 주변 환경 등을 통해 기본적으로 품고 태어난 원죄성이 자극을 받아 강해진 죄성과 태어난 후 살아가면서 생활 속에서 세상 사람들과 세상의 다양한 환경들로부터 원죄성이 자극을 받으므로 개개인 모두가 스스로를 변형시키고 강하게 만들어 놓은 것이 각자가 품고 있는 죄성이다.

식물의 중심 뿌리 중 잔뿌리로 비유되는 죄성을 유전적인 원죄성과는 달리 개인적 사정으로 자신 스스로가 후천적(後天的)으로 만든 것이기에 하나님의 은혜로 약화시키는 것뿐만 아니라 제거할 수도 있다. 하지만 원죄성은 모든 사람이 태어날 때 물려받은 것이기에 원죄성을 어느 정도 약화시킬 수는 있으나 제거되는 것이 아니다.

원죄성을 제거하려면 하나님의 특별한 은혜를 받아야 한다. 그러나 이것은 이론일 뿐 사탄이 임금으로 군림하는 이 세상에 사람을 창조하신 하나님의 깊은 뜻을 살펴볼 때, 기본적인 연약성을 품은 상태로 죽을 때까지 사랑 성숙을 훈련받으며 살아가야 하는 사람으로서 원죄성을 제거하기란 거의 불가능하다고 해야 한다.

깊은 경지까지 성장한 사도 바울도 자신이 만들어 놓은 죄성을 많이 약화시키고 제거하는 훈련을 강하게 받았지만 온전히 제거하지 못하는 원죄성 때문에 선을 행하기 원하는 자신에게 악이 함께 있다는 것을 깨달았다고 하였다.

내가 원하는 바 선을 행하지 아니하고 도리어 원하지 아니하는 악을 행한다고, 자신의 육신 속에는 선한 것이 거하지 않는다고, 이러한 자신의 영적 상태를 뒤늦게 깨달았는데 그것은 선을 행하기 원하는 자신에게 악이 함께 존재하고 있다고, 자신을 두 부류의 사람으로 분류하여 속사람으로는 하나님의 법을 즐거워하는데 겉 사람(고후4:16) 속에서 역사하는 지체 속의 다른 법이 죄의 법으로 자신을 사로잡는 것을 본다고 하였다(롬 7:18-23).

23

천국에서 주고받는
수준 높은 사랑

사도 바울은 원죄성을 제거할 수 없다는 것임을 깨달았기에 오호라 나는 곤고한 사람이라고, 사람의 힘으로는 불가능한 이 영적 씨름에서 누가 자신을 온전히 구원해 줄 수 있겠는가? 그것은 사람의 힘으로 감당할 수 없는 것으로서 죄성과 원죄성을 완벽하게 제압하지 못해서 기회를 포착(롬 7:11)한 사탄에게 충동을 받아 갈등하기도 하지만 그러한 자신의 부족함에 정죄 받지 않고 죄성과 원죄성으로부터의 해방(롬 8:2)은 오로지 하나님의 은혜로만 가능한 것으로서 예수그리스도 안에서만 해결되는 것이라고 말했다(롬 7:24-25).

사도 바울의 이러한 고백은 일반 성도들이 평범한 생활 속에서 영적 갈등으로 괴로워하는 영적 씨름이라기보다 깊고 높은 경지까지 성장한 성도들의 수준에서 갈등하는 영적 씨름에서만이 이해될 수 있는 절규의 고백이요, 이 세상에서 사탄으로부터 완벽하게 해방되는 진정한 구원은 전적인 하나님의 은혜로서만 이루어지는 것임을 고백한 것이다.

사랑은 끝까지 참고, 돕고, 견디고, 책임지면서 같은 방향으로 함께 동행하는 것으로서, 사탄이 임금으로 군림하는 이 세상에서 사람이 예수를 믿는다는 것과 성도로서 사람을 책임진다는 것은 즉 사랑을 성숙시키는 삶이란 괴롭고 힘든 쓰라림을 자원한 것이다.

하나님께서 자녀들에게 사랑을 성숙시켜 주시려고 고난을 당하게 하시는 것은 사탄과 본격적인 전쟁이 시작된 것이기에 하나님 아버지의 마음을 편하게 해드리기 위해서라도 닥쳐온 고난 속에서 감사와 평안을 유지하며 맡겨진 일에 최선을 다해야 한다. 그러면 그 성도가 극복한 고난의 정도에 맞춰 사랑도 높은 수준으로 성장된다.

사람의 몸과 마음을 물컵으로 비유할 때 하나님께서 베풀어 주시는 연단의 고난을 감사로 극복하면서 물로 비유된 고난이 몸과 마음에 채워지면 컵 속으로 물이 들어오면서 공기가 빠져나가듯 고난의 물이 채우지는 양(量) 만큼 죄성이 공기처럼 조금씩 조금씩 빠져나가면서 죄성이 약화되거나 제거되어 심령이 깨끗해지고 죄성이 빠져나간 심령의 공간에 하나님의 사랑이 자연스럽게 스며들어와 채워진다.

컵에 채워지는 물의 구성 원소가 수소 두 분자, 산소 한 분자로

되어있듯 사람의 몸과 마음에 채워지는 고난도 아픔과 괴로움, 상처 등으로 구성되어있다. 또 물속에 칼슘, 칼륨, 마그네슘, 나트륨 등 미네랄성분의 양분이 포함되어 있듯 고난 속에도 책임, 종, 기쁨, 섬김, 감사, 순종, 평안, 최선 등 사랑의 미네랄이 포함되어 있다.

수준 높은 성결을 사모하는 성도들의 삶이란 유형, 무형의 교회를 위해 죽도록 충성하는 수준 높은 고난이 자신의 영과 혼과 육에 채워지면서(골 1:24) 동시에 죄성이 빠져나가게 되고 그 비워진 심령공간에 하나님의 수준 높은 사랑이 채워짐으로 중생 이후 성결과 사회적 성결로 무르익어가는 열매가 수준 높은 하나님의 성결이다.

수준 높은 단계에서 성숙되는 사랑이란 세상 사람들이 주고받으며 성숙시키는 사랑의 수준을 넘어 하나님의 자녀들만이 품고 살아가는 사랑이요, 하나님의 성결 수준까지 성장하도록 도와주는 사랑이요, 천국 백성들이 천국에서 영원토록 주고받으며 살아가는데 반드시 필요한 하나님의 특별한 사랑이다.

24

성결을 사모하는
네 부류의 성도들

중생 이후의 성결을 사모하며 추구하는 성도들이 반드시 깨달 아야 할 것이 있다. 이 깨달음을 간과하면 아름다운 성결의 숲을 만들기보다 우뚝 솟은 한 그루의 유명한 성결나무로 까지만 성장 하게 된다. 이 깨달음이 부족하면 믿음으로 구원받는 1차 구원관 까지는 성장할 수 있으나 수준 높은 사랑으로 받게 되는 2차 구 원관까지 성장하기 어렵다.

수준 높은 성결을 사모하는 성도들이 깨달아야 할 것이란 명 확하게 구분이 되는 것은 아니지만 자신이 어느 쪽으로 치우쳐 있는가를 살펴보는 것이다.

하나님의 자녀로 거듭난 이후 성결을 사모하며 추구하는 사람으로서 자신은 어떤 부류의 성결인일까?

첫째, 태어날 때부터 물려받은 기득권의 축복과 그러한 기초로 자신의 분야에서 뛰어나게 성장시킨 지식의 수준과 사회적 신분과 좋은 직업과 명예와 지도자와 수준 높은 지혜와 재능 등을 이미 갖춘 성도로서 박식(博識)한 지식의 도움을 받아 다양한 분야로 성결을 성장시킨 사람들의 경험을 이론으로 정리한 서적을 탐독(耽讀)하고 그분들의 강의에 비중을 두고 존경하는 인물을 Role model로 하여 성결에 접근하려는 성결인인가.

둘째, 신비로운 은사와 두루두루 갖춰진 뛰어난 재능으로 좋은 결과와 놀라운 기적과 신비스러운 체험으로 사탄을 물리치며 사람들의 문제들을 해결해줌으로 높아지고 유명해져 경제적 여유를 누리며 살아가고 있는 그가 환경의 힘, 신분의 힘, 관계의 힘 등에 도움을 받아 감성적인 면에 비중을 두고 성결에 접근하려는 성결인인가.

셋째, 교회를 중심으로 열정적인 충성에 본이 되는 것은 물론이거니와 개인과 사회적으로 윤리와 도덕과 순수함과 정직함 등의 모범적 생활과 선행을 강조하며 사람다운 인격적인 삶에 비중을 두면서 성결에 접근하려는 성결인인가.

넷째, 성경적 이론과 유명해진 신분과 모범적 생활과 선행 등에도 깊이와 본을 보이는 것은 물론이거니와 현실적으로 직면하고 있는 수준 높은 고난을 감당하는 과정을 통해 하나님의 수준 높은 사랑을 공급받아 강해진 영력으로 맡겨진 양떼를 대신하여 최전방 총알받이로 사탄과 죽는 순간까지 피 흘리기며 싸우는 순교적 신앙으로 성결에 접근하는 성결인인가를 확인하는 것이다.

기득권의 축복으로 높은 지능의 지적 수준과 재능과 경쟁에서 앞서갈 수 있는 좋은 조건과 태어나면서 좋은 성품까지 물려받은 사람으로서 이론을 잘 정리하고 편집하며 발췌능력 또한 탁월하여 학식적인 면으로 실력을 갖춰 지도자의 위치에서 깨끗한 심령으로 깊어지는 성결과 사랑의 성숙을 고난을 통해 그것도 극심한 고난을 오랫동안 통과하는 훈련의 과정보다 수준 높은 성결을 이론으로 전수받아 중생 이후 성결과 사회적 성결을 사람들에게 강의와 문서로 교육시키며 쓰임 받는 사람들이 있다.

뛰어난 개인적 능력으로 이미 갖추어진 지도자의 위치에서 성결을 사모하며 추구하는 신앙생활이 잘못되었다는 것이 아니다. 다만 수준 높은 성결을 함께 사모하며 추구하는 동지로서 이론과 윤리 도덕과 신비성 성결로 치우칠 가능성이 있음을 함께 살펴보자는 것이다.

– 수준 높은 고난을 통해 수준 높은 사랑으로서만이 가능한 중생 이후의 성결과 사회적 성결은 낮은 곳을 향해 계속 흘러가는 물처럼,

– 사람과 환경과 물체를 접촉하는 그 즉시 접촉된 그 모두를 조건 없이 품으며 쓰임 받는 일꾼처럼,

– 이일 저 일로 발길에 채어 굴러가는 돌멩이 신세지만 그 와중에도 중심을 잡으려고 굴러가는 돌처럼,

-거친 파도를 견뎌낸 물가의 자갈이 더 강해지는 것처럼 많은 사람들이 몰라주는 무명의 일꾼이지만(계 2:8-11, 3:7-13), 연속되는 고난으로 낮은 위치에서 생활을 하기에 사람들이 하찮게 몰라주는 돌이지만 그래도 모퉁이 돌(마 21:42-43)로 쓰임 받으려고 최선을 다하는 순수한 신앙심으로 하나님의 성결을 위해 최전방 총알받이로 쓰임 받기에는 한계가 있음을 말하려는 것이다.

25

성결의 은총과
특별한 체험

성도가 신앙을 성장시키는 데 있어서 어느 기간까지는 신비스러운 체험과 불가능이 가능케 되는 놀라운 기적의 역사와 기도제목이 응답되어 문제를 해결 받는 기쁨이 신앙 성장에 큰 도움이 된다. 그러나 중생 이후의 성결이라든가 더 높은 사회적 성결의 깊은 경지까지 성장하는 데 있어서는 그러한 신앙생활이 도움이 될 때도 있지만 대체적으로 큰 영향을 받지 않는다.

성경의 인물 중 깊게 성장한 사도 바울을 예로 들면 그는 말년에 영혼 구원과 많은 사람들에게 말씀을 전달할 수 있는 기회가 줄어들고 지난날 강하게 나타났던 신비스러운 체험과 놀라운 치유의 역사(행 19:12)가 거의 나타나지 않았다(딤전 5:23, 딤후 4:20). 전처럼 현장에서 나타나는 역사는 약해지고 기회가 줄어

들었지만 이제부터의 훈련과정은 사도 바울을 한 차원 높은 수준
까지 성장시켜 보다 깨끗하고 순수한 희생제물로 하나님께 드려
질 수 있는 자격을 갖춰주시려고 최종적인 훈련을 시키시려는 것
이다.

사도 바울이 말년에 이러한 훈련을 받게 된 것은 사탄이 조종
하는 사람들과 그들이 만들어 놓은 세상 시스템과 예정된 종말로
발생되는 자연재앙 등과의 씨름은 물론이거니와 그보다도 한 차
원 높은 사탄과의 직접적인 씨름이다. 사탄과의 씨름이란 사탄과
하나님과의 씨름에서 자신을 통해 하나님께 승리를 안겨드리는
씨름이다.

이 씨름은 아무나 할 수 있는 씨름이 아니기에 오순절 성령체
험을 한 제자들처럼 수준 높은 경지에서 훈련받는 성도들에게만
기회가 주어진다. 이 경지의 단계가 바로 사람을 대상으로 하는
사람의 승리, 사람을 기준으로 하는 사랑의 성결에서 사탄을 대
상으로 하는 하나님의 승리, 수준 높은 사랑으로만 가능한 하나
님의 성결을 달성하기 위한 훈련이다.

이 단계에서는 주변 사람들이 볼 때 나타나는 상황의 깊은 뜻
을 이해하기 어려울 때가 있다. 그러므로 생활환경이 점점 더 어
려워지는 예수님을 마지막 순간까지 믿고 따른 사람들, 끝까지
사도 바울과 제자들을 돌봐준 사람들이 받는 천국의 상급은 남다
를 것으로 생각된다.

결과로 나타나는 현실에 치우칠 수밖에 없는 신앙이 연약한 어

린 신자는 자신의 미래를 알고 싶고 무엇인가 큰 결정을 할 때 예언자의 도움을 받으려 하지만 1차 믿음으로 구원에서 2차 사랑으로 구원의 경지까지 성장하고자 하는 성도들은 자신의 앞길에 어떠한 일이 발생될지 모르지만(행 20:22), 설령 판단을 잘못해서 일이 꼬여 감당하기 어려운 일이 중복되게 발생한다 해도 사탄이 임금으로 군림하는 이 세상에서 환경과 대상과 형태와 시기와 정도의 차이일 뿐이라는 생각으로 사랑을 성숙시키기 위해, 긍휼의 은혜를 쌓기 위해 어차피 당해야 할 것을 당한다는 마음으로 조금도 흔들림 없이 하나님만이 아시는 또 다른 무슨 하나님의 뜻이 있으니 이 큰 고난을 통해 미처 깨닫지 못한 죄와 하나님의 깊은 뜻을 깨달을 수 있는(시 119:71) 기회가 되게 해달라고 하나님께 간절히 기도한다.

26

순간적 체험으로 임한다는
중생 이후 성결

구원을 받아 성령님을 마음에 모신 성도는 그 순간 영적으로 죽었다가 다시 살아나는(엡 2:1, 5) 새로운 피조물(고후 5:17)로 거듭나는 것으로써, 그때 예수님의 지체가 되어 성도의 성결이 시작된다 하였다. 그렇게 시작된 1인칭 성결과 중생 이후의 2인칭 상대적 성결과 오로지 하나님만을 위한 수준 높은 3인칭 사회적 성결의 단계까지 성장하려면 오랜 세월이 걸린다.

중생 이후 성결이 순간적으로 임하는 은혜라 하여 어떤 성도는 자신은 불신자에서 구원을 받는 그때 신비스러운 체험을 함으로 마음이 평화롭고 기쁘고 천사 같은 신앙생활을 경험했다고 하면서 자신은 그때 성결의 은혜를 받은 것 같다고 하는데 중생 이후 성결은 그렇게 임하는 것이 아니다.

중생 이후 임하는 성결은 예수님 제자들이 부름을 받은 후 순교적 신앙으로 달라진 오순절 성령체험을 비유해 볼 때 아무리 빨라도 최소한 수년이란 시간이 필요하다. 중생 이후의 성결과 더 높은 수준의 성결로 성장하는 과정을 어떤 시기에 누구와 같은 체험을 모두에게 똑같이 적용하여 체험의 형태와 단계적인 기준과 체험의 시기와 체험의 횟수를 일률적으로 적용해서는 안 된다.

중생 이후의 성결을 놀랍고도 신비스러운 은혜를 체험하는 특수층에서만 가능한 것으로 구분하여 성결의 은혜를 체험하면 평범한 성도의 신앙생활과는 전혀 다른 삶을 살아가는 특별한 사람으로 평가하기에 중생 이후 성결의 은총을 받은 사람도 죄를 범할 수 있는가 없는가를 논쟁하게 된다.

사람이 아무리 깊고 높게 성장한다 해도 아무렴 천사가 사탄으로 타락하기 전 그 정도까지 성장할 수 있겠는가? 다시 말해 수천억만 년 그 이상을 하나님과 함께 지내면서 하나님의 수준 높은 교육과 영성훈련으로 깊은 경지까지 사랑이 성장된 천사들도 원죄성과 죄성이 전혀 없었지만 하나님께 죄를 범하여 천사가 사탄(벧후 2:4, 유 1:6)이 되었다. 그러므로 하나님께서 창조하신 모든 피조물은 원죄성과 죄성, 개인적인 신앙 성장과는 관계없이 누구나 죄를 범할 수 있는 연약함(infirmities)을, 어쩌면 그 연약함을 영원토록 지니고 살아가는 것일지도 모른다.

하나님께서 천사와 인간이란 피조물을 왜 이렇게 만드실 수밖에 없으셨을까? 성도들뿐만 아니라 세상 사람 모두가 보고, 말하고, 듣고, 먹고, 마시고, 접촉하면서 육체 속에서 활동하는 원죄성과 죄성이 자극을 받아 감당하기 어려운 유혹과 함정의 늪에서 허우적거리다 더 깊이 사탄의 품으로 빠져들게 될 가능성이 농후(濃厚)한 세상에 왜 사람을 이렇게 만드셨을까?

세상 모든 사람들을 죄악의 사슬로 묶으려고, 할퀴고 물어뜯으려고, 괴성을 지르며 우는 사자(벧전 5:8)처럼 기회를 엿보다가 침투할 통로가 열리면 그 즉시 더 악한 귀신들을 침투시키는 이 험악한 세상에, 악독한 사탄이 임금(요 14:30)으로 군림하는 이 세상에 왜 사람을 창조하시고 신앙생활하게 하셨을까?

하나님께서 오래 전 천사들에게 배반당하신 쓰라린 경험을 하셨음에도 불구하고 사랑과 긍휼이 풍성하신 하나님 아버지께서 사람들에게 자유의지를 주셨다.

무수한 사람들이 그 자유의지로 선택을 잘못하여(신 11:26-28) 유혹을 받아 하나님의 뜻대로(마 7:21-23) 신앙생활하는 성도들이 심히 적을 수도 있다. 하지만 천국은 확실한 기준을 갖춘 성도만이 가야 하는, 천국 백성의 자격을 인정받지 못한 성도가 가서는 안 되는 곳으로서 비록 좁은 길을 걸어가다 좁은 문으로 들어가는 성도들이 소수라 할지라도, 다시는 배반하지 않을 것으로 인정받은 그 소수의 성도들만이라도 사랑의 깊은 경지까지 성장시켜주시려고 모든 아픔을 감수하시려는 여호와 하나님 아버지의 눈물겨운 사랑에 감동받아 오랫동안 눈시울을 적시는 깊은 은혜를 받게 될 때 그 비밀이 풀릴 것이다.

27

영원토록 진행형인 성결

중생(重生) 이후 성도들이 어떤 계기로 인해 뜨거운 눈물의 회개로 마음의 무거운 짐이 벗어지고 몰랐던 깨달음이 떠오르고 실제적인 문제까지 해결되는 기쁨의 체험은 신앙생활을 모범적으로 오랫동안 한 성도들이라면 여러 번 체험할 수 있는 은혜들이다. 성도가 은혜를 받은 후 달라진 좋은 모습으로 천사처럼 신앙생활 하다가 다시 제자리로 돌아가는 것을 반복하는 것 또한 여러 번 있을 수 있는 것이 성도들의 보편적 신앙생활이다.

중생 이후 성결이란 예수님을 닮아가는 과정이라 하였다. 거듭나기 전 또는 거듭난 후 어쩌다 마귀에게 유혹을 받아 죄를 범하여 강해진 죄성의 흔적들을 씻어내고, 태우고, 뽑아내는 과정이 바로 수준 높은 성결을 향하여 끊임없이 달려가는 현재진행형 성결(current progressive holiness)이다.

중생 이후 성결이 특별한 체험과 시기적인 단계의 과정을 통과하며 계속 깊어져가는 것은 틀림없는 사실이지만 주일성수의 예배 와 말씀 기도 찬양과 영혼 구원과 선행 등을 모범적으로 실천하는 성도의 기본이 되는 신앙생활을 성실하게 감당하면서 그 어떤 특별한 체험도 없고 아무런 흔적도 없이 때로는 가벼운 체험 정도만으로도 계속 깊어져 갈 수 있는 것이 중생 이후의 성결이다.

중생 이후 성결의 은혜가 임할 때 동반되는 현상을 성령세례 또는 불세례로 비유하기도 하는데 그러한 비유는 중생 이후에 임하는 성결의 은혜를 사모하며 추구하는 데 별로 도움이 되지 않는다.

중생 이후 성결의 은혜가 임하는 과정이 특별한 체험과 함께 순간적으로 임한다는 주장 때문에 그러한 특별체험을 강조하는 것이 아닌가 생각된다. 특별체험으로 기쁨이 충만하여 달라진 생활을 통해 자신도 중생 이후 성결의 은혜를 받은 사람이라고 은근히 과시하는 사람들이 있지만, 중생 이후 성결이 임하는 과정을 특별한 체험을 통해 이루어지는 것으로 강조하면 오히려 신학적으로도 성도들에게 혼선을 줄 수 있다.

베드로가 고넬료 집에 모인 이방인들에게 복음을 증거할 때(행 10:44-45) 성령이 임하는 체험들과 바울이 에베소 성도들에게 안수할 때 방언의 은사가 임했는데 성경은 그때 그들에게 놀라운 체험으로 성령이 임한 것으로 말씀하고 있다(행 19:1-7).

그러한 현상은 예수님께서 죽으시고 부활 승천하신 이후 예수님을 대신하여 사역하시려고 하나님께서 보내주신 보혜사(요 16:7) 성령의 시대가 새롭게 시작되었음을 보다 확실하게 알려주어야 할 필요가 있는 시기이기에 성령의 은사 중 외부로 나타나는 은사를 체험하게 해주신 것이다.

성령세례, 불세례, 방언과 외부적인 은사와 신비로운 체험 등은 중생 이후 성결의 은혜를 받는 단계와는 무관하게 그 개인들의 달란트와 주변의 전도대상자들과 영적 상태에 따라 주시며 받는 체험들이다.

오순절 성령체험을 함께 한 120명 정도(행 1:15, 2:14)의 성도들 중에서도 예수님 제자들처럼 또 그 수준까지 성장과정을 통과한 성도들에게 임하는 오순절 성령체험과 그러한 수준까지 성장하지 못한 상태에서 체험한 성도들을 구분해야 한다.

같은 장소에서 같은 시간에 똑같이 특별한 성령체험을 했어도 지난날 오랫동안 죄성과 씨름하면서 사탄을 물리치도록 연단 받은 고난을 통해 임하는 사랑의 능력과 체험하는 영적인 수준이 각각 다르기에 함께 은혜를 체험 후 맡겨진 사명을 감당하는 도구로 사용되는 역사에 있어서 많은 차이가 난다(약 5:16-17).

28

중생 이후 성결과
회개의 깊이

깨끗한 심령을 기본으로 하는 중생 이후 성결의 깊이란 그 사람의 회개의 깊이와 밀접한 관계가 있다.

중생 이후 성결을 사모하고 추구하는 성도들에게 색다른 점이 있다면 그는 모든 성도들보다 회개를 깊게, 간절히, 수시로 한다는 것이다. 사중복음의 중생 이후 성결은 회개와 함께 더 깊어지는 것으로서 아무리 강조해도 지나침이 없는 것이 성도들의 회개다(고전 4:13, 15:3,1 딤전 1:13,15)

사회적 성결의 깊은 경지까지를 사모하는 성도로서 회개는 회개의 종류와 대상과 깊이를 넓혀 가면서 간절히 회개하면 회개할수록 내 마음만 깨끗하게 되는 것이 아니라 깨끗해진 마음에서 반사되는 하나님의 빛을 신자 불신자를 막론하고 때와 장소를 가리지 않고 더 밝고 깨끗한 빛과 보다 강력한 능력의 빛, 치료의 빛을 수시로 반사해 줌으로 모두에게 영, 혼, 육으로 도움을 주는 일꾼으로 쓰임 받는 것이 중생 이후 성결이다.

죄의 종류도 다양하다.

1) 사람의 양심, 정직과 진실을 기준으로 범하게 되는 죄.

2) 세상의 법과 질서와 규칙을 기준으로 범하게 되는 죄.

3) 문서화된 성경의 법칙과 약속을 기준으로 범하게 되는 죄.

4) 사람의 마음 중심을 헤아리는 하나님의 깊은 뜻을 기준으로 요구하시는 순종과 거룩한 질투로 범하게 되는 죄로 구분된다.

하나님을 기준으로 요구하시는 순종의 죄란 이유 여하를 불문하고 하나님의 명령에 절대 순종하느냐 불순종하느냐를 기준 하는 죄다.

예를 들어 선과 악을 함께 알려주는 에덴동산의 과실나무에 새들이 와서 그 열매를 먹어도 죽지 않고 과실이 무르익어 땅에 떨어진 것을 곤충들과 벌레들이 먹어도 죽지 않는다 해서 그러한 과학적, 논리적, 통계적, 경험적, 현실적 결과와 근거를 내세우지 말고 하나님께서 말씀하셨으면 하나님의 뜻대로 순종하라는 것이다.

그러한 순종이 믿음을 겸한 사랑이요 사랑을 겸한 믿음이다(엡 6:23). 세상 사람들에게 적용되는 필요 악, 경우의 수, 정상참작 이라는 것을 진리 속으로 끌어드려 하나님의 법을 사람들이 결정하고 조정하려는 것은 하나님의 고유권한인 절대적 기준에게 도전하려는 월권으로 평가받을 수 있음을 명심해야 한다.

수준 높은 성결의 경지까지 성장하고픈 또는 깊은 경지까지 성장한 성도는 거듭나는 중생의 회개로 끝나는 것이 아니라 계속되는 신앙생활을 통해 하나님께 조금 더 가까이 다가가면서 깊어지는 사랑이 보다 밝아진 빛이 되어 지난날 깨닫지 못했던 죄를 새롭게 회개하게 된다.

자신이 죄를 범할 때 자신으로 인해 마음 아파하셨던 여호와 하나님 아버지의 마음을 위로해 드리는 것과 자신이 죄를 범했을 때 상처받고 갈등하며 마음 아파한 사람들에게 확실하게 용서를 받는 것뿐만 아니라 그들이 흡족해할 정도로 깊게 위로해 드리지 못했음을 뒤늦게 깨달아 더 깊게 간절히 회개한다.

또한 자신은 하나님께 큰 죄를 용서받았건만 자신에게 직접 잘못한 사람들 또는 사회의 물의를 일으킨 사람들을 깨끗이 용서하지 못하고 중보기도를 해주기보다는 비판하는 부정적인 사람들과 어울려 마음으로, 언어로 행동으로 부정적 평가(마 18:21-35)를 한 죄를 회개하는 것이다.

또한 다양하고도 복잡하게 얽히고설킨 세상일로 인해 시간에 쫓겨 예배와 말씀 기도 찬양에 본이 되도록 성도의 기본을 성실하게 실천하지 못했던 것과 영혼 구원, 중보기도, 중보회개, 열정적 충성, 사랑의 용서, 갖가지 선행 등을 사랑의 섬김으로 겸손하게 실천하지 못했던 부끄러운 신앙생활을 회개하는 것이다.

자신이 현재 하나님께 수준 높은 사랑을 공급받고 있다는 것을 증명해 주는 것 중 하나가 바로 자신이 회개하는 깊이와 대상자를 넓혀 간절히 회개하는 자신을 발견하는 것이다. 중생 이후 회개를 더 깊게 하면 할수록 심령이 깨끗해지는 회개를 연단의 회개 또는 성장의 회개라 한다.

29

첫째 부활과 천국에서 영생

수준 높은 성결을 사모하며 추구하는 성도들이라면 그는 지난날의 모든 죄를 용서받은 후에도 성숙한 성도로서 다른 사람들보다는 회개를 달리해야 한다. 용서받은 그는 여호와 하나님 아버지께서 지난날 저의 모든 죄를 기억하지 않으신다니(히 10:17) 참으로 감사하다는 기도를 한다.

이어 '하나님께서는 지난날의 죄를 기억하지 않으신다고 하시지만 이 죄인은 그럴 수 없습니다. 조금이나마 생활 속에서 회개의 합당한 열매(눅 3:7-14)를 맺고 싶기에 제가 살아가는 삶 속에서 그 누구 때문에, 그 무엇 때문에 상처를 받아 아프고 쓰라리고 힘들고 어려운 일이 닥쳐왔을 때 지난날 용서받은 자신의 죄를 기억하면서 모두의 죄를 용서하겠습니다'(마 18:21-35)라고 기도한다.

사람들이 죄를 범할 때마다 그들을 위한 연대책임으로 중보기도와 중보회개를 함으로 하나님의 더 깊고 크신 사랑을 공급받아 하나님과 사람을 더 깊게 사랑하며 '하나님께 더 뜨겁게 충성하는 계기로 삼겠습니다'라는 기도를 올려드리는 것이 받은 바 구원을 지키기 위해, 중생 이후 성결을 이루어나가는 데 많은 도움이 된다.

기억하고 싶지 않은 과거의 죄를 최대한 빨리 잊어버리고 싶다 해서 회개를 가볍게 다루어서는 안 된다. 성도가 믿음이 성장하여 하나님과의 사랑의 수수(授受)관계가 깊어졌다면 그로 인해 달라진 모습 중 하나가 바로 무엇보다도 지난날 용서받은 죄를 항상 기억하면서 용서받은 죄의 대가를 경감(輕勘)받기 위해 사람들을 용서하고 도와주며 뜨겁게 충성한다.

대제사장이 일 년에 한 번 안식일 중에 큰 안식일(레 16:31)인 7월 10일 속죄일을 지킬 때 먼저 자신이 깨끗해야 백성들의 죄를 하나님께 중보회개로 간구할 수 있는 자격이 부여되기에 대제사장은 지성소를 들어가기 전부터 자신과 가족의 죄(레 16:11)를 속죄하는 제사를 올려 드린다.

그리고 회막 문 앞에서 자신과 백성들의 죄를 용서받기 위해 준비된 피를 제단 뿔에 바르고 제단 밑에 부은(출 29:1-14) 후 지성소에 들어간다. 지성소에 들어가서도 속죄 피를 들고 들어가 제일 먼저 자신의 죄와 백성들의 죄를 회개하는 예식부터(레

16:1-34) 시작한다.

그렇게 몇 번의 중복으로 회개를 했음에도 그가 지은 죄가 크고 깊어 또는 정성이 부족하면 그가 입술로, 마음으로, 행위로 회개를 했다 해도 깨끗하게 용서받지 못하여 대제사장의 사명을 감당하다가 지성소 안에서 죽을 수도 있다는 것을 명심하여 회개는 형식과 습관적으로 옷을 찢는(요엘 2:12-3) 회개가 아닌 마음에 숨겨진 죄를 철저하게 통회자복해야 한다.

현재 신앙생활을 하는 하나님의 자녀가 성경적으로 주일성수를 올바르게 지키며 신앙생활하기란 너무도 어려운 현실이다. 구약의 안식일과 신약의 주일성수를 올바르게 지키라 하신 성경 말씀은 변한 적이 없다. 하나님께서 성경 어느 곳에 안식일과 주일성수를 그 시대에 맞게끔 시대와 타협하며 개인적으로, 가족적으로, 교단적으로, 국가적으로 요일을 각자의 형편에 맞게 설정하여 적당히 지켜도 된다고 말씀하신 적이 있는가? 없다(출 31:12-17).

어느 성도가 자신은 십계명을 특히 1-4계명을 완벽하게 지키며 신앙생활을 하고 있다고 말할 수 있겠는가? 그러므로 수준 높은 성결의 경지까지 성장한 성도나 보통수준으로 평범하게 신앙생활하는 성도들 모두는 끊임없이 회개해야 할 죄인이요, 언제든지 죄를 범할 수 있는 피조물의 연약성을 품고 죄와 허물 속에서 살아갈 수밖에 없는 죄인이다.

모든 성도들은 태어나서 죽을 때까지 하나님 말씀을 온전히 지키지 못하며 살아가고 있는 죄인임을 겸손하게 인정해야 한다. 그러므로 어떠한 경우이든 같은 죄인이면서 상류계층으로 좋은 조건의 삶을, 특별한 은사로, 높은 신분으로, 유명하게 대접받는 삶을 살아가는 사람들은 모두에게 미안하고 죄송스러운 마음으로, 항상 종중의 종의 섬김으로 나아가야 한다.

그렇게 누구보다도 더 무릎이 멍들 정도로 중보기도와 중보회개를 많이 해야 받은 바 구원을 지켜주시려고 훈련시키시는 중생 이후 성결과 사회적 성결까지의 수많은 고비들을 잘 통과하게 되고 그때그때마다 베풀어 주시는 수준 높은 사랑의 힘으로 첫째 부활에 참여하여 천국에서 영생하는 성도가 된다.

30
유명한 일꾼과
무명의 일꾼

성도들이 살아가고 있는 현재의 마지막 때란 자신이 지은 죄를 회개하여 용서받은 죄의 목록보다 죄를 죄인 줄 모르고 회개하지 못하여 용서받지 못한 죄의 목록이 더 많을 수도 있는 착각의 시대요. 하나님께서 사람들을 도와주시고 싶으셔도 도와주실 수 없는 일과 상황들이 점점 많아지고 복잡해지는 안타까운 시대요, 사람들의 삶에서 동기와 과정과 결과가 매우 큰 비중을 차지하는 것인데 마지막 때는 그 모든 것을 무시당할 수밖에 없는 혼돈의 시대다.

사망으로 인도하는 달콤한 길은 점점 더 넓어지고 그로 인해 생명으로 인도하는 길은 점점 더 좁아지는 어두운 시대요, 선악시비(善惡是非)에 관계없이 달변(達辯)의 재능으로, 세상적인 이론과 힘의 논리로 자신이 원하는 대로 얼마든지 뒤바꿔놓을 수 있는 교활한 시대다.

마지막 때란 사람의 본래의 모습을 끝까지 유지하기가 어렵고 부끄러울 정도로 화려한 위장술과 그 정교함에 실상과 허상을 착각하게 하는 시대요, 인공지능을 활용해 딥페이크(deepfake) 딥보이스(deepvoice)로 혼란을 주는 시대다.

또한 하나님 중심보다 사람 중심으로 일하면서 대접받는 유명인들은 많아지고 크고 작은 고난을 수없이 당하며 살아온 무명인이 흘리는 감사의 눈물이 하나님께 긍휼의 은혜로 쌓이면서 강해지는 영력이 되어, 시간과 공간과 대상과 일을 초월하여 하나님께 도움받기 어렵고 부족한 사람들에게까지 하나님께서 그들을 도와주시도록 기회를 만들어 드리려는 무명의 일꾼들을 찾아보기 어려운 시대다.

하나님의 축복으로 귀한 일 중요한 일을 감당하는 유명한 일꾼들이 세상의 제한된 공간에서 50년 정도를 쓰임 받는다면, 평생을 낮고 천하며 어려움 속에서 무명인으로 충성하면서 무명인의 삶을 통해 한 생애를 마친 후 아름다운 간증을 남김으로 하나님께서 비밀스럽게 쌓아 주신 긍휼의 은혜로, 시대를 초월한 후손들에게 은혜의 감동과 도전정신을 심어줌으로, 더 나아가 천국에서 왕노릇(계 20:4-6) 하는 일꾼들이요 천국에서도 영원토록 성도의 성장을 위해 쓰임 받는 일꾼으로서 세상과 천국에서 그 누구보다도 오랫동안 쓰임 받는 무명 일꾼들이 귀한 일꾼이다.

31

수준 높은 성결과
영적인 연합팀

올바른 구원으로 받은 바 구원을 지켜주시려고 훈련을 받아야 하는 하나님의 모든 자녀들이 한순간도 잊어서는 안 될 것이 있다. 그것은 성도들의 삶이란 사탄과의 연속적인 싸움(엡 6:11-13)이라는 것이다. 그것도 죽음을 두려워하지 않고 피 흘리기까지 싸워야 하는 치열한 전쟁이다.

성도들이 마귀와의 싸움에 있어서 큰 힘이 되는 것 중 하나가 부모와 조상들이 살아생전 하나님께 인정받는 신앙생활로 후손들을 위해 심어주시고 쌓아주신 은혜를 도움받는 것과 누군가의 간절한 중보기도의 도움을 받으며 사탄과 싸우는 것이다.

다른 싸움도 마찬가지겠지만 특히 마귀와의 영적인 싸움은 자기 혼자의 싸움보다 우군(友軍)과의 연합팀을 만들어 서로 힘을 합쳐 싸우는 것이 매우 효과적이다(전 4:12 눅 14:31-32). 하나님께서도 성도들이 연합팀으로 힘을 모아 마귀와 씨름하는 것을 기뻐하신다.

연합팀이란 교회를 중심으로 열정적인 충성과 죽어가는 영혼을 구원하고, 방황하며 낙심하는 이들에게 힘과 용기를 심어주며, 사회의 물의를 일으킨 흉악한 죄인들에게도 가족의 사랑으로 중보기도와 중보회개를 간절히 해주며 자신에게 직, 간접으로 상처와 손해를 입힌 그를 용서해주고, 갖가지 명분으로 드려지는 헌금과 구제와 대상의 폭을 넓히는 선행 등으로 성도들과 불신자들을 도와주고, 신체적 조건과 재능과 지능의 미달로 삶의 경쟁에서 밀려 어렵고 힘들게 살아가는 이들의 고난에 동참함으로 디딤돌과 버팀목과 조력자가 되어준다.

특히 하나님의 자녀들을 가족처럼 도와주면, 하나님께 긍휼의 은혜가 쌓이는 계기가 되고, 도움 받은 성도들 안에 계신 성령님께서 도와 준 그 사람을 최대한 도와주시고, 도움 받은 그가 불신자라도 그 역시 하나님의 형상대로 지음 받았기에 사람 자체를 사랑하시는 하나님께서 사랑의 보답으로 모든 힘을 연합하여 사탄과 싸워 이길 수 있도록 그를 도와주신다.

거듭난 이후 성결의 은총을 받는데 영적인 연합팀이 큰 힘이 되므로 1차 구원에서 2차 구원을 사모하는 성도들은 말씀 안에서 신자 불신자를 막론하고 한 사람이라도 내 편을 만들어야 한다는 사명감으로 모두와 화평(히 12:14)을 유지하려고 최선을 다한다.

할 수만 있으면 기회 있을 때마다 부모와 가족과 목회자의 심정으로 고난 당하는 이들에게 봉사의 땀, 헌신의 눈물, 희생의 피를 흘리는 사랑으로 고난에 동참하며, 선행을 베풀며, 많은 성도들과 중보기도를 주고받으며, 하루가 시작되는 아침마다 또는 자주 좋은 글과 문자와 대화를 주고받는다.

특히 믿음의 가정들에게 더욱 더 잘하는(갈 6:10) 신앙생활로 연합팀의 힘을 키워가는 성도는 참으로 지혜로운 성도다.

32

경건의 모양과
경건의 능력

중생 이후 성결을 사모하는 성도로서 그 누가 자신의 약점과 단점을 들추며 헐뜯은 적이 있었고, 약간의 라이벌 의식이 있으며, 뜻이 맞지 않아 서로 불편하게 언쟁을 한 적이 있었던 껄끄러운 사람이 접근하려할 때 마음이 불편해질 것을 미리 염려하여 그들의 접근을 기피하며 차단하려 한다든가, 자신의 거룩한 보수를 차별되게 부각시키려고 상대의 약점, 단점, 문제성을 마음에 품고 있거나 또는 남의 말을 인용하는 방식으로 상대를 평가 비판하는 신앙으로는 사회적 성결뿐 아니라 중생 이후 성결까지도 성장하기 어렵다.

그 누가 성결의 은혜를 받아 자신의 몸과 마음이 하나님의 은혜로 깨끗해졌다면 그는 그만큼 사랑이 조금 더 성숙된 성도이기에 자신에게 접근하는 더러운 사람들을 품어주면서 상대의 더러움이 자신의 옷에 묻어진 만큼 상대가 깨끗해졌음을 기뻐하고 그러한 기쁨이 힘이 되어 보다 열정적 충성과 모범적 선행과 희생적 중보기도와 중보회개를 함으로 그 행위를 대견하게 보시는 하나님께서 사람들을 품으려다 더러워진 자신의 옷을 씻어주시는 은혜가 반복되는 생활이 성결을 사모하는 성도들의 기본이다.

1차 믿음으로 구원에서 2차 사랑으로 구원을 사모하고 추구하는 성도가 확인해야 할 것이 있다.

첫째, 자신은 매사에 모든 사람들과의 관계에 있어서 상대의 단점과 부족한 점이 남들보다 늦게 보이는지, 혹 빨리 보였다 해도 최대한 늦게 말하며, 상대를 위해 간절하게 중보기도해 주며, 매사에 상대의 좋은 점을 배우려는 마음이 어느 정도인가를 확인하자.

둘째, 사랑은 책임이요 책임은 사랑이기에 시대적인 유행의 물결로 알게 모르게 영적으로 오염된 구정물이 사람들에게 튀겨 그들이 더러워지지 않도록 누구보다도 앞장서서 대신 COVER해 주면서(벧전 4:8) 희생의 방패(엡 6:16) 역할로 끝까지 책임지려는 사랑의 열정이 어느 정도인가를 확인하자.

셋째, 자신이 뭔가를 좀 더 많이 깊게 알고 있기에 부족하고 잘못된 사람을 만나면 그 사람이 잘못되도록 유도하는 사탄을 물리치는 충분한 준비기도도 없이 자신도 모르게 상대의 부족한 부분을 빠르게 지적하고 분석하고 평가하여 상대를 지도하려는 마음이 남들보다 많은지 적은지를 스스로 점검해 볼 필요가 있다.

첫째와 둘째는 사랑의 양심이 절정으로 무르익어가는 긍정적인 사람이요 셋째는 신앙적으로 사회적으로 어느 경지까지는 도달하여 많은 사람들에게 경건 된 삶으로 인정을 받을 수 있으나 경건의 능력을 갖추기 어려운 사람이다.

경건의 모양과 경건의 능력(딤후 3:5)의 차이점을 비유한다면, 여름 내내 수고한 나뭇잎이 모든 영광을 열매에게 돌리고 떨어지는 낙엽의 사랑을 모른 채 자신의 업적만을 내세우는 꽃과 열매처럼 사람들에게 대접받는 것을 좋아하는 경건의 모양과, 깊은 뜻을 품고 떨어진 낙엽이 다시 흙 속으로 스며들어가 퇴비가 되는 희생의 좁은 길을 감사의 발걸음으로 걸어가며 후손들에게 귀한 믿음을 상속하고픈 새로운 희망을 품고 흙 속에서 썩어가는 밀알(요 12:24)로 생애를 마치는 경건의 능력으로 구분된다.

성경에서 경건의 모양과 능력을 구분하는 말씀을 비유해 보면 좋은 재료로 빵을 만들려고 발효(醱酵) 단계까지는 잘 성장 해왔으나 즉 열정적인 신앙생활을 통해 수고의 땀방울로 반죽도 잘 되고 어려움과 아픔과 고통과 상처를 품고 참고 인내하면서 발효까지는 잘 시켰다.

그러나 어디서는 누군가에게 천사의 말을 하고 강력한 은사로, 말씀 증거로, 영육 간으로 도움을 주며 자신의 몸을 불사를 정도의 사랑도 보여주었으나 또 다른 곳에서는 여러 가지 환경과 신분과 세상적 계산 때문에 한결같은 행위를 하지 못하여 사탄에게 겉 다르고 속 다르다는 참소거리(계 12:10)를 제공하여 본이 되지 못하는 행위로 소리만 요란한 꽹과리 성도(고전 13:1)로 평가받게 된다든가.

평소에 편안한 것을 좋아하여 그 편안함을 끝까지 유지하려한다든가. 고난과 상처와 아픔과 괴로움 등이 두려워 피하려 하고. 세상과 사람들과 부딪치면서 악취 풍기는 죄성을 발동시키면 발효를 잘 시킨 떡 반죽을 화덕에 굽기에는 화덕의 열기가 너무 뜨거워지든지 반대로 식어져서 자신과 모두에게 때를 따라 신령한 양식(마 24:45-47)을 나눠줄 수 있도록 화덕의 열기를 알맞게 맞추지 못하여(호 7:4) 떡을 굽지 못하는 안타까운 경우가 곧 모양으로 포장된 경건의 신앙에 적합한 비유다.

33

올바른 구원과
종으로 종을 섬김

1차 믿음의 구원에서 2차 사랑으로 구원을 목표하는 올바른 구원관이란 무엇일까?

첫째, 가족의 범위를 넓혀가는 신앙생활이다. 책임의 범위를 섬김의 범위, 사랑의 범위, 회개의 범위, 사명의 범위, 감사의 범위, 순종의 범위 등을 넓혀가는 삶으로 모두와 하나 되는, 모두를 품고 모두에게 안기는 삶을 기본으로 한다.

둘째, 하나님의 은혜로 세상과 모두가 깨끗하게, 성결하게 되는 것을 목표하며 보다 다양한 분야의 많은 사람들을 위해 간절히 중보기도하며 누군가가 겪고 있는 슬픔이 기쁨으로, 괴로움이 평안으로, 어둠이 밝음으로, 질병이 건강으로, 저주가 축복으로,

심지어 지옥이 천국 등으로 변화되고 전환될 수만 있다면 모두가 자신을 밟고 건너가도록 희생의 교량 역할을 기쁨으로 감당하며, 주변에서 고난 당하는 사람들과 죄를 범하는 사람들을 보고, 듣고, 만나며, 느낄 때마다 모두는 하나님의 형상이요 주 안에서 예수님의 지체라는 연대책임으로, 고난을 해결해주려고 애쓰고 힘쓰며 그들을 위한 고난의 동참과 중보기도와 중보회개를 기본으로 한다.

셋째, 천사들 중에도 더 중요한 일을 감당하는 천사장이 있듯이 하나님께서 사람에게 허락하시는 범위 안에서 최고로 깊은 경지까지 성장하여 천국에 가서도 천국에 온 성도들 중 조금 더 깊게 성장한 성도들에게만 맡겨 주실 수 있는 그들만의 일이 있다면 천국에서도 주님과 제일 가까운 곳에서 주님을 시중드는 일과 천국 백성들을 위해 영원한 일꾼으로 쓰임 받기를 소원하는 마음으로 마지막 죽는 순간까지 최선을 다하는 것을 기본으로 한다.

넷째 가장 낮은 곳에서 모두를 섬기는 예수님을 본받아 가장 낮은 종이 되기 위해서는

1) 일당을 받기 위해 임시 고용된 품꾼의 종(밋쎄이오이 μίσθιοι, 눅 15:17)이요,

2) 맡겨진 책임이 조금 더 많아진 사환과 집사로서 봉사하며 섬기는 종(디아코노이 διάκονοι, 마 20:26, 딤전 3:10)이다.

3) 집 식구들 식생활과 신상의 안전과 주인의 재산을 관리하며 그 집과 관계된 사람들까지 책임 관리하는 청지기의 종(오

이코노모스 οἰκονόμος, 눅 12:42 고전 4:2)이다.

4) 자신과 관계된 세상적인 모든 것을 즉시 정리하고 예수님과 24시간 동거하며 맡겨진 사명 감당과 언제나 예수님과 제일 가까운 위치에서 예수님을 시중들기 위해 온갖 어려움을 감수해야 하는 제자로서의 종(마쎄이타스 μαθητάς, 마 10:1, 20:17)이다.

5) 천국의 전권대사 역할로 자신의 승리가 하나님의 승리요, 자신의 패배가 하나님의 패배라는 사명을 감당하는 사도로서의 종(아포시토로스 ἀπόστολος, 벧후 1:1)이다.

6) 한순간의 순교로 끝나는 것이 아니라 생활 속에서의 순교자의 삶을 통해 예수님의 고난에 동참하며 예수님의 죽음을 본받아 쌓여지는 긍휼의 은혜로 시대를 초월하여 후손들에게 부활의 권능을 전달해 주고자 예수님의 사랑을 모두에게 증거의 사명을 감당하는 증인으로서의 종(마루투페스 μάρτυρες, 행 1:8)이다.

7) 구원받은 사람들을 태우고 천국으로 항해하는 개인의 구원 방주와 가정과 교회와 교단과 여러 선교단체들과 더 나아가 나라와 민족에서 구원받은 모든 이들을 싣고 가는 구원방주에게 조금이나마 도움이 될 수만 있다면 한번 채워지면 다시는 풀 수없는 발 쇠고랑(엡 6:20)을 자원하여 구원의 방주 배 밑에서 세상이 주는 그 어떤 혜택도 사양한 채 하나님의 승리 하나님의 성결만을 위해 이름 없이 빛도 없이 무명의

일꾼으로 순교적 사명을 감당하려는 노예로서의 종(휘페레
타스 ὑπηρέτας, 고전 4:1)이다.

희생적 사명을 감당하는 자신을 불쌍히 보시면서 흘려주시는
주님의 눈물이 영생수로 마음 속 깊은 곳까지 스며들어오는 하나
님의 깊은 사랑을 끊임없이 체험하면서 체험한 사람만 알 수 있
는 큰 기쁨으로 항상 간절한 기도와 감사 찬양을 부르며, 모든
인간은 어쩔 수 없는 죄인으로서 하나님의 긍휼의 은혜가 아니
면 그 누구도 천국을 갈 수 없기에 직계가족과 후손들과 인류에
게 더 많은 도움이 전달될 수 있도록 하나님께 긍휼의 은혜를 조
금이나마 더 쌓고 싶기에, 죽는 순간까지 거친 파도와 싸우며 천
국방향으로 노를 젓는 노예의 종(ὑπηρέτας, 고전 4:1)으로 사람
으로서 낮아질 수 있는 가장 천한 종으로서 종을 섬기는 사명을
높여가는 것이 1차구원에서 2차 구원으로 성장에 큰 도움을 주는
올바른 구원의 기본이다.

34
하나님의 기준으로 평가받는
성결

성결이란 예수님을 영접하는 그 순간부터 시작되는 것으로서 중생 이후 성결은 성경에서 그 어떤 절대적 기준을 해답처럼 제시해 준 것이 없기에 외적인 행동만으로 상대의 성결의 깊이를 가볍게 평가해서는 안 된다. 요한계시록의 서머나, 빌라델피아 교회 목회자와 성도들(계 2:8-11, 3:7-13)처럼 이름 없이 빛도 없이 성결 된 삶을 하나님께 인정받는 무명의 목회자와 성도들이 있기 때문이다.

사람들에게 알려진 예쁜 꽃은 이름도 받고 사랑도 받고 대접도 받지만 사람이 접근하기 어려운 벼랑 끝 또는 깊고 깊은 산속의 꽃은 이름도 받지 못했기에 사람들에게 사랑받고 대접받는 시간보다 하나님과 주고받는 시간이 많은 잡초와 무명 화(無名 花)

132

같은 성도들은 하나님만이 알아주시는 영적수준이 참으로 깊다.

重生(거듭남)으로부터 시작된 기본적인 성결수준으로 평생을 평범하게 신앙생활 한 성도이든, 수준 높은 성결까지 성장한 성도이든, 성결에 대한 이해와 깊이와 해석과 체험이 남다른 성도이든, 그 밖에 부모와 조상들이 물려준 기득권의 축복으로 좋은 성품과 뛰어난 지능과 다양한 달란트로 앞서가는 그가 신앙적으로 사회적으로 높은 신분의 위치에서 성결을 사모하며 추구할 때 하나님께서 그들 모두의 성결 수준을 하나님의 기준으로는 가름하기 어려울 정도의 미세한 차이로 평가받을 수밖에 없는 것이 사람들이 사모하며 추구하는 성결이므로 성도들의 성결수준을 섣불리 평가해서는 안 된다.

그 누가 중생 이후 성결의 은혜를 체험했다고 하면 부러워해야겠지만 그렇다고 오랜 기간을 통해 단계적인 성결의 은혜를 체험했다는 그를 뛰어나게 볼 것도 없고, 약간의 과장(誇張)과 성결 해석이 조금 다르다 해도 그를 이상하게 생각할 것도 없는 것이 성결을 사모하는 성도들이 가져야 할 마음가짐이다.

그렇다고 중생 이후 성결의 수준을 가볍게, 또는 애매모호(曖昧模糊)하게 취급하려는 것이 아니다. 수준 높은 성결을 사모하는 사람으로서 하나님과 자신과의 일대일의 관계보다 사람의 기준이 앞서가는 성결을 염려하기 때문이요.

겸손한 종의 섬김으로 하나님께 조금 더 가깝게 접근하여 마음이 성결하게 되는 은혜를 받기 위해 항상 앞장서서 최전방 총알받이 사명으로 마귀를 철저하게 대적(약 4:7-8)하는 수준 높은 사랑의 성결을 보다 강조하려는 것이다. 신앙적으로 깊은 경지까지 성장한 성도로부터 지극히 평범한 성도에 이르기까지 또는 성인군자로부터 보통사람들의 삶의 수준을 하나님께서 평가하실 때 별 차이가 없는 비슷한 수준으로 평가받을 수밖에 없다는 것이 사람자체의 근본이요 사람의 실체다(시 14:2-3, 53:2-3 롬 3:10).

그런 사람들끼리 사모하고 추구하는 성결임을 스스로 겸허하게 인정한다면 그는 태초부터 어느 시기까지 예배, 말씀, 기도, 찬양 등의 종교생활로 훈련시키시려는 것보다 사람의 양심 깨끗을 기본적으로 훈련시키시려 하셨던 하나님의 깊은 뜻을 깨달은 사람이다.

사람이란 존재 자체가 사탄에게 쉽게 당할 수 있는 위험부담이 크지만 그럼에도 불구하고 적은 수라도 천국에 올 사람만 와야 한다는 올바른 구원의 확실한 기준과 또한 구원으로 만족이 아니라 할 수만 있으면 하나님의 자녀들 모두를 사랑의 깊은 경지까지 성장시키기 위해 자유의지를 주신 것과 천사와 사람이 자유의지로 선택(신 30:15-20)을 잘못하여 불순종할 수도 있는 연약함을 품은 채로 창조하실 수밖에 없었던 창조주 하나님 아버지의 마음을 위로해 드리려는 성도가 하나님의 자녀로서 기본 예의를 지키는 사람이요, 사랑의 성숙을 수준 높게 훈련받을 수 있는 가능성을 인정받은 귀하고 복된 자녀이다.

이러한 깨달음의 마음가짐으로 신앙생활을 해야 1차 믿음으로 구원에서 계속 성장하여 수준 높은 사랑으로서만이 받게 되는 제 2차 구원의 경지까지 성장하여 첫째 부활에 참여하는 복된 성도가 된다.

35

나는 사람이다,
나도 사람이다

구원을 받은 후 받은 바 구원을 지키기 위해 감당해야 하는 영적투쟁이 성도들의 성장의 단계와 깊이에 따라 점점 더 힘들어진다. 그 원인으로는 성도의 신앙이 성장하면 성장할수록 그 성도를 공격하고 훼방하려는 사탄의 세력도 강해지기 때문이다.

사탄이 직접 괴롭히는 영적 씨름과 사탄에게 조종받는 사람들과 그들이 오랜 세대를 살아오면서 설치해 놓은 삶의 시스템과 예정된 지구 종말이 가까워짐으로 발생되는 자연재앙 등을 속절없이 당하면서 싸워야 할 대상과 극복해야 일들이 너무 버겁기에 마지막 때를 살아가는 성도들에게 영적투쟁이 너무도 힘들다.

마지막 때를 살아가는 성도들에게 특히 사탄이 임금으로 군림하는 이 세상에서 수준 높은 성결을 사모하는 성도들에게 가장 중요한 것은 고통, 아픔, 상처, 슬픔, 악행 등의 아픔을 당하지 않도록 미리 예방하는 것보다 사탄에게 당한 후 하나님께와 사람들에게와 자신에게 인정받을 수 있도록 신앙적 순종의 사랑, 인격적 대인관계, 긍정적 마음의 평안과 의지적 감사로 어려운 문제를 어떻게 수습하느냐가 더 중요하다.

올바른 구원으로 1차 구원에서 2차 구원으로 성장하기 위해 하나님의 자녀들이 영적전쟁을 하면서 효과적으로 하나님께 도움을 받는데 준비해야 할 마음가짐을 살펴보자.

먼저 [나는 사람이다]를 외친다.

짐승은 자신의 힘을 이용하여 약육강식(弱肉强食)이라는 생활방식으로 군림하고 대접받으며 살아가지만 사람은 하나님의 형상으로, 만물의 영장(靈長)으로, 세상을 정복하고 다스려야(창 1:28) 하는 주인의 사명을 품고 태어났다. 받은 바 주인의 사명을 감당하는 것은 신분과 위치와 역할이 어떠하든 사람의 신분을 유지하기 위해 낮은 자세에서 섬김의 삶을 기본으로 해야 한다.

하나님께서는 사람들이 그 사명을 감당해야 하는 계기를 만들어 주시려고 사람은 태어난 후 삶이 시작될 때부터 오랜 기간 누군가의 전적인 도움을 받으며 성장하도록 그렇게 창조하셨다. 도움을 받은 것을 보답하기 위해 세상이란 훈련세트장에서 천국 백성이 되기 위해 훈련을 받는 것이요, 천국 백성의 자격을 인정받기 위해 사람은 오로지 남을 위해 삶을 살아야 하며, 그러한 삶을 통해 비로소 자신이 사람임을 스스로 증명하는 사람이 사람다운 사람이다.

사람이 하나님께 받은 사랑이 크고 깊어질수록 모두를 책임지는 삶을 살아야 한다는 사명 또한 깊어지고 강해지는 것이기에 그는 사람은 자신을 위해 태어난 것이 아니라 오로지 남을 위해 태어났음을 하나님께 감사하고, 자신 스스로에게 고백과 다짐을 통해 사람들에게 인정받아야 하는 것이 사람이다.

자신이 사람의 삶에 가까운가 아니면 짐승의 삶에 가까운가를 알려면 자기 밑으로는 사람이 적게 보이고 위로는 섬기며 책임져야 할 사람이 많은 것을 비교함으로 어느 정도는 알 수 있다. 인격 수양과 마음 깨끗과 사랑 성숙의 정도에 따라 자신의 위와 밑으로의 사람 수효가 달라진다.

다음으로 [나도 사람이다]를 외친다.

그 누가, 그 무엇이 나를 힘들게 괴롭혔을 때 모든 심판을 하나님께 맡겨야(롬 12:19) 한다는 말씀에 순종하기 위해 하나님의 형상으로 지음 받은 같은 사람으로서 자신도 허물 많은 인간이요, 자신도 세상을 살아오면서 많은 죄를 범했고 더러운 죄를 용서받은 후 받은 바 사랑의 용서에 보답하기 위해 평생을 새로운 마음가짐으로 살아가야 하는 사람이다.

그러하기에 자신이 누군가에게 불만을 품고 원망하며 부정적 평가, 견책, 충고, 비방, 심판한다는 것은 같은 사람이요, 같은 죄인으로서 자기 얼굴에 침 뱉는 것이 될 수도 있음을, 특히 예수님의 희생제물로 구원받은 빚진 자로서 예수님의 사랑에 배신하는 것은 아닌가를 명심해야 한다(마 18:21-35).

나도 사람임을 외치는 것은 누군가가 자신을 괴롭혔을 때 잘못한 그 사람의 문제를 해결해 주고 싶은 사랑의 마음으로 사람에게서 시작된 문제는 사람에게서 답을 찾는 것이 진정한 해결방법을 실천하려는 절규의 몸부림이다.

하나님의 수준 높은 사랑으로만 살아가는 천국에서 하나님의 자녀들이 영생하기 위해서는 '모든 문제의 해답은 사람이 답이다'라는 마음으로 하나님 사랑, 사람 사랑, 자신 사랑으로 사랑의 깊은 경지까지 훈련받기를 자원해야 한다.

이렇게 사람을 사랑하려고 몸부림치는 사람이 진정하고도 순수한 하나님의 자녀다. 사람 사랑으로 문제를 해결하는 과정에서 감당하기 어려운 고통이 발생할 수도 있지만 그래도 모든 문제의 답은 사람에게서 찾아야 한다는 그는 중보회개와 중보기도를 성실하게 감당하면서 중생 이후 성결과 사회적 성결을 이루어 나가는 1차 믿음으로 구원에서 1차 믿음으로 성장하는 데 많은 도움을 받게 된다.

36

모두에게 빚진 자,
모두의 종

**다음으로 [나는 모두에게 빚진 자이기에 나는 모두의 종이다]를
외친다.**

누가 자신의 전문분야에서 1등을 했다는 것은 2등 이하의 사람
들이 있었기에 그들의 도움을 받아 1등한 것이요, 부자가 되고,
앞서가고, 높아진 것 역시 가난하고, 뒤처지고, 낮아진 사람들이
있었기에 가능한 것이다.

그들이 없으면, 그들의 도움이 없이는 이루어질 수 없는 결과
임을 겸손하게 받아드림으로 도움을 준 그들에게 빚을 갚으려는
외침이다. 사람을 둘로 구분하면 사람을 경쟁의 대상으로 삼아
제압하고 대접받으며 짐승과 사람 사이에서 서성이는 사람과 사
람을 사랑의 대상으로 삼는 사람 같은 사람이다.

기득권의 혜택을 많이 받지 못하여 경쟁에서 항상 조금씩 밀렸지만 그래도 남들보다 더 인간적인 노력으로 좋은 결과를 이루어 낸 소수의 사람들이 있으나 그런 유형의 사람들은 사람에게 또는 특별한 해택을 받는 횡재수준이 아니고는 극히 드물다.

대부분 정서적으로 인격적으로 좋은 환경에서 가정교육을 받고 착한 성품과 뛰어난 지적능력과 신체조건과 탁월한 재능, 명석한 판단력, 친화력, 외모, 언어능력 등 조상이나 부모로부터 물려받았다. 어려서부터 경쟁에서 앞서가는 타고난 기득권의 축복을 받아 시작하는 출발점이 달랐기에 좋은 결과를 이루어 낸 것이다.

또한 대기만성(大器晩成)의 숨겨진 잠재력과 찬스를 놓치지 않는 결단력과 강력한 추진력과 밝히기 어려운 그 어떤 운(運)의 작용으로 좋은 결과를 이루어낸 사람들이다.

자신의 전공분야에서 좋은 결과의 위치에 도달하기까지 밑거름이 되어준 주변의 모든 사람들에게 빚진 자의 마음으로 그들을 위해 살아가고자 할 때 그는 세상을 위해, 남을 위해 살아가는데 필요한 힘을, 사람을 사랑하시는 하나님께 공급받게 된다.

높은 신분과 권세와 부자와 1등과 건강과 금메달을 목표하며 살아가는 사람은 처음부터 낮은 위치에서 가난하고 미련하고 부족한 2등 이하의 사람들, 그리고 선천적 후천적으로 신체적 장애와 부족한 사람들을 섬기고 싶어서 그러한 목표를 설정해야 한다.

자신보다 조금이라도 뒤처지고 부족하고 어렵게 살아가는 사람들에게 빚진 자의 마음으로 그들에게 보답하기 위해 자신의 분야에서 정상의 위치에 도달하려고 애쓰고 힘써왔다면, 그런 마음가짐으로 신앙적으로도 수준 높은 경지까지 성장하려고 최선을 다했다면, 그래서 그 목표가 어느 정도 이루어졌다면 그는 사람의 본분을 갖춘 사람다운 진정한 사람이다.

이러한 깨달음으로 나는 모두에게 빚진 자요 나는 모두의 종임을 외치는 것은 예수님의 발자취를 따라가는(벧전 2:21) 수준 높은 성결을 사모하며 추구하는 성도로서 자신이 세상에서 가장 낮은 종 중의 종으로 하나님을 섬기고, 사람을 섬기고, 자신을 섬기고 싶어서 외치는 성도의 간절한 몸부림이다.

그러한 힘을 공급받으며 살아가는 성도가 1차 믿음으로 구원에서 2차 사랑으로 구원의 경지까지 성장하기 위해 중생 이후 성결을 사모하며 추구하는 성도로서 기본을 갖춘 사람이요, 그가 비로소 성결 이전에 사회적 성결의 기본이 되는 사람다운 삶을 살아가는 사람이다.

37

세상의 모든 결과를 초월한다

하나님께서는 50년을 주기(週期)로 하여 모두가 공평한 생활 조건으로 되돌아가는 희년(禧年, year of jubilee, 레 25:10-12) 이라는 제도를 제정하셨다. 지금까지는 어떠한 상황에 따라 어떻게 살아왔다 할지라도 삶의 모든 조건을 공평하게 하여 누구나 같은 조건으로 새롭게 시작하라는 것이다. 이는 하나님께서 모든 자녀들을 차별 없이 공평하게 사랑하신다는 것을 의미한다.

세상 모든 사람들을 지극히 공정하고도 공평하게 사랑하시는 하나님 아버지의 그 깊은 사랑을 깨달은 사람은, 하나님의 자녀로서 자신이 현재 소유하고 누리고 있는 물질, 지적능력, 쌓인 지식, 지혜, 건강, 권력, 재능, 외모 등 사람이 살아가는데 갖추어야 할 기본조건보다 그 이상으로 넘치는 조건과 소유한 것은 모두 자신의 것이 아님을 깨닫게 된다.

사람이 기본적으로 공평하게 갖추어야 할 생활의 그 기준을 정하기가 쉽진 않지만 그 누가 기본 이상을 갖추게 된 것은 이유가 있다.

그것은 선천적으로 또는 후천적으로 경쟁에서 뒤처지고 미달되는 수준과 신체적 장애와 지역 환경 때문에 사람의 기본권을 갖추지 못하고 살아가는 사람들을 위해 살아가게 하기 위해서이다. 자신의 넉넉한 소유와 특별한 재능과 지적능력과 학식과 무단한 노력으로 이루어낸 전문분야의 특성과 좋은 조건의 결과를 잘 관리하고 활용하여 어렵게 살아가고 있는 그들을 지극정성으로 돌봐주라고 하나님께서 자신에게 임시로 맡겨주신 임대의 축복임을 깨닫는 것이 사람다운 사람으로, 중생 이후 성결과 사회적 성결까지 성장하는 데 큰 도움이 된다.

그런데 그렇지 않은 사람도 많다.
1) 기본 이상의 것으로 받은 임대의 복은 내 것이 아닌데 내 것처럼 과시하려 한다.
2) 사람의 기본권을 누리지 못하는 사람들에게 나누어주면서 더 큰 복을 받으려고 생색을 내려 하며, 큰 혜택을 받은 사람으로서 어떤 일과 돌발적 상황에 불평과 상대의 잘못을 용서하지 못한다.
3) 어려운 환경에서 기적 같은 은혜로 회복된 것을 은근히 내

세운다.

4) 자신이 받은 현재의 모든 결과의 복은 자신이 남다르게 열정적으로 하나님께 충성한 대가로 받은 복이요, 남들보다 더 노력하고 성실하게 살아온 대가로 받은 복이라고 생각을 한다.

이런 유형이라면 설령 그러한 주장이 맞는다 해도 그는 1차 믿음으로 구원은 몰라도 2차 사랑으로 구원은 시작하기도 어렵고 중생 이후 성결과는, 특히 사회적 성결의 훈련을 받기에는 자격이 많이 미달되는 사람이다.

마지막으로 [세상의 모든 결과를 초월 한다]를 외친다.

마지막 때는 동기, 과정, 결과까지 조작하고 무시당하기 쉬운 혼란스러운 시기다.

이러한 때에 사탄은 사람 속에 육신의 정욕과 안목의 정욕과 이생의 자랑(요일 2:16)을 미끼로 사람들끼리 비교와 경쟁을 부추겨 세상에서 대접받는 삶을 최고의 복된 삶(마 4:8-9)으로 유도한다. 이러한 삶에 영향을 받는 것은 중생 이후 성결을 사모하며 추구하는 성도들도 예외가 될 수 없다.

하나님의 자녀들이라 해도 육적인 부분을 소홀히 할 수 없다. 사회와 더불어 함께 살아가야 하는 사람이란 자기 개인만의 삶이 아니다.

부모 형제, 부부, 자녀라는 가족이 있고 가깝게 지내는 주변 사람들, 영적으로 자신에게 맡겨진 사람들과 전문분야에서 함께 종사하는 사람들과 직장과 단체에서 서로 함께 힘을 모아 맡겨진 사명을 위해, 또 비교경쟁에서 뒤처지지 않도록 최선을 다해야 하며 나라와 민족을 위해 살아가야 한다. 이를 위해 세상 속에서 육적인 삶은 매우 중요하다.

38

깊은 경지까지의 성장과
그의 가족들

하나님의 자녀들이 모든 분야에서 좋은 결과의 축복을 받고 주 안에서 귀하게 크게 쓰임 받고 있는 사람들 대부분은 그들이 불신자의 위치에서 세상 사람들과 경쟁을 한다 해도 세상적으로도 뒤처지지 않고 오히려 앞서가며 요소요소에서 귀하게 쓰임 받을 수 있는 능력을 갖춘 사람들이 많다.

그러므로 받은 복으로, 은사로 크게 쓰임 받고 있는 성도들과 지도자들은 자신이 다른 성도들과 차별된 믿음으로 충성한 것을 인정받아 받은 복이라고 생각하지 말자. 그 이전에 자신도 조상과 부모로부터 영육 간에 물려받고 타고난 기득권의 도움을 받아 이루어진 생활의 복이 더 크게 작용했다는 것을 하나님께 겸손하게 고백하자. 그때 그는 모두에게 빚진 자의 마음으로 받은 바 구원을 지키기 위해 훈련받는 중생 이후 성결로 성장해 가는 데 큰 도움이 된다.

사실 자신과 모두를 위해 최전선에서 총알받이로 사탄과 목숨 걸고 죽기 살기로 피 흘리며 싸우고 있는 성도는 생활의 복과 특별한 은사와 세상에서 유명하게, 크게 쓰임 받는 것에 무슨 큰 관심이 있겠는가?

신앙인으로서의 삶을 생각하는 이들의 관심, 방향은 무엇일까?

1) 하나님께서 보다 많은 사람들을 도와주실 수 있도록, 그것도 하나님께 도움을 받을 만한 근거가 부족한 사람들이지만 하나님께서 그들을 도와주실 수 있도록 기회를 만들어 드리려고 할 때이다.

2) 당혹스러운 일로 고난과 모욕과 손해와 쓰라림을 당하면서도 이번 기회에 긍휼의 은혜를 많이 쌓아야 한다는 그 한 가지 목표를 위해 자신에게 맡겨진 십자가를 지고 땀과 눈물과 피까지 흘리며 온 정신을 집중하여 순교적 신앙으로 골고다를 올라가고 있을 때이다.

3) 보다 많은 사람들에게 결정적인 도움을 주는 희생제물로 하나님께 드려질 수 있는 자격을 인정받기 위해, 흠도 티도 점도 없이 영, 혼, 육이 보다 더 깨끗해짐으로 성숙되는 사랑의 자녀가 되기 위해 외롭게 좁은 길을 한 걸음 한 걸음씩 걸어가고 있을 때이다.

이런 세 가지 모습으로 살아가는 사람에게는 세상적인 생활의 복과 건강이 신분과 명예와 권세와 특별한 은사가 뭐 그리 대단한 것으로 생각 되겠는가?

이 단계까지 특별하게 훈련받는 성도들은 생활의 복과 모두에게 유명한 사람으로 대접받는 부러움의 대상으로 쓰임 받는데 큰 관심이 없다보니 그에게 속한 가족들과 형제들과 함께 신앙생활 하는 성도들에게 경제적으로 사회적 인맥으로 큰 도움을 주지 못할 수도 있다.

그래서 그런지 구약의 선지자들(왕하 4:1-7)과 쓰임의 그릇이 작아서 평생을 작은 교회에서 또는 오지벽촌 무명의 목회자들과 함께 신앙생활 하는 성도들이 하나님께 전적으로 충성할 때 매사에 우선순위에서 밀린 직계가족들이 외롭고 궁핍한 생활을 하게 된다.

경제뿐 아니라 모든 면으로 어렵게 살아가는 성도와 목회자의 자녀들이 명심해야 할 것이 있다.

현재 궁핍한 생활을 하고는 있지만 언젠가는 큰 교회, 상류층 가정, 유명한 일꾼들 가정의 자녀들보다 더 수준 높은 믿음 소망 사랑을 성숙시켜 아무나 감당할 수 없는 특별사명을 주시려고 베풀어주시는 하나님의 복된 기회가 만들어져 가고 있다는 희망을 품는 것이다.

이것을 모르고 어려운 환경에 심지어 부모에게 불만을 품으면

헛된 고생만 하게 된다. 세상적인 능력 부족으로 경쟁에서 밀리고 타고난 작은 그릇으로 쓰임 받는 지도자나 부모에게서 태어났기에 세상에서 어렵고 힘들게 살아가는 목회자의 자녀와 소속된 성도들이 있을 것이다. 이들은 모든 것을 합력하여 선(롬 8:28)을 이루시는 하나님, 어느 가정보다도 말할 수 없는 탄식으로 더 간절하게 기도해 주시(롬 8:26)는 성령님이 함께 하심을 믿어야 한다.

공정과 공평으로 다스리시기 위해 희년의 제도를 제정 해주신(레 25:10-12) 하나님의 깊은 뜻을 깨달아 고생을 많이 한 자녀와 성도들은 그들만이 받을 수 있는 특별한 복이 계속 쌓여가고 있다는 것을 명심해야 한다.

고난 속에서도 감사하는 마음으로 남다르게 뜨겁게 충성하면 하나님께서 그렇게 충성하는 자신을 불쌍히 보셔서 먼 훗날 그리고 다음 세대에게 천국에서까지 특별하게 베풀어주시는 영육 간의 복을 상속받게 된다는 것을 의심 없이 믿어야 한다.

그리고 기회 있을 때마다 고생하시는 육신의 부모와 형제자매와 지도자와 자신과 같은 처지의 생활을 하는 사람들을 위로해 주며 더 나아가 오히려 부족한 자신들을 보시며 아파하시는 하나님 아버지의 마음까지도 위로해드려야 한다.

1차 종교적인 성경의 법을 지키는 믿음으로 구원에서 율법적 구원을 완성(마 5:17, 엡 2:15-18)시키는 제2차 사랑으로 받게 되는 구원으로 성장하도록 해야 한다.

중생 이후 성결에서 사회적 성결의 단계까지 성장을 위해 훈련을 받아야 함을 하나님께 지혜로 받았다면 그는 이 세상과 천국을 경계 없는 연장선상으로 세상에서 행복 불행, 슬픔 기쁨, 부자 가난, 고난 평안, 질병건강 등 현재 삶의 조건과 생활환경을 초월하는 최선의 신앙생활을 해야 한다.

목회자로서 수준 높은 경지의 성결까지 성장을 원한다면 그는 교회를 부흥시키기 위해 시도하는 프로그램과 행정력, 심지어 설교에 대해서도 자신이 더 지혜롭고 믿음이 더 두터워서, 하나님께 더 사랑을 받아서, 사탄을 물리치는 영력이 강해서 좋은 결과가 이루어진 것이라고 생각하지 말아야 한다.

자신에게서 나타나고 있는 탁월한 지도력, 뛰어난 프로그램, 행정력, 특별한 은사, 은혜스럽게 증거되는 설교까지도 타고나고 물려받은 기득권의 축복과 갖춰진 재능 등이 더 많이 포함되어 좋은 결과가 이루어진 것은 아닌지 겸손하게 살펴봐야 한다. 이런 것도 1차 구원에서 2차 구원으로 신앙 성장에 많은 도움이 된다.

39

세상과 천국이 경계 없는
연장선상

가장(家長)으로서 가족들에게, 목회자로서 성도들에게 좋은 환경에서 신앙생활 할 수 있도록 도움을 주어야 하는 것은 당연한 것이다.

그러나 때로는 하나님께서 특정한 어느 한 사람을 모두에게 본이 되도록 성결의 깊은 경지까지 성장시키기 위해 가족들과 성도들을 어렵고, 고통스럽고 열악한 환경 속에서 살아가게 하실 수도 있다.

하나님께서 개인적으로 특별하게 믿음을 성장시키시려 하시는 것은 하나님께서 그 성도를 자랑하시고 싶은 자녀로 성장시키시기 위해서이다. 그러한 자녀가 오로지 하나님의 승리와 하나님의 성결만을 목표하는 훈련을 받을 자격을 갖춘 자녀다.

구체적으로 그런 자녀는 누구인가?

1) 구약의 몇몇 선지자와 깊은 경지까지 성장한 성도들이다.

2) 욥이 하나님께 인정받는 훈련과정에서 그 많은 재산이 모두 약탈당하고 10명의 자녀들과 종들이 허무하게 죽는 쓰라림을 당한(욥 1:13-19) 욥이다.

3) 부양가족(扶養家族)을 책임지고 있던 제자들이 나를 따르라는 한마디에 어선(漁船)과 가족들과 부모님의 생활 걱정을 미뤄둔 채 그 즉시 예수님을 따른 제자들이다(마 4:18-22).

하나님께서 그 누구를 남다르게 성결의 깊은 경지까지 성장시키기 위해서라면, 모두에게 영원토록 자랑하시고 싶으신 자녀로 성장시키기 위해서라면 하나님께서는 천하의 그 어떤 것과 심지어 직계가족이라도 희생시키실 수 있다.

하나님께 특별하게 쓰임 받는 부모와 목회자와 지도자를 모시는 자녀들과 성도들과 제자들은 하나님께서 계획하신 어떤 목표를 위해 자신들에게 희생을 요구하실 수도 있다는 것을 깨달아 현실 속에서의 어려운 생활 조건에 실망하거나 불만을 품지 않아야 한다.

현재 섬기고 있는 부모와 목회자와 지도자가 하나님께 자랑스러운 종으로 인정받을 수만 있다면, '본인도 중생 이후 성결과 사회적 성결을 사모하며 추구하는 자녀요, 성도요, 제자로서 모든 것을 희생할 수 있습니다'라는 눈물겨운 기도를 하나님께 올려드릴 수 있어야 한다.

천사들 중에도 천사장들은 일반 천사들보다는 하나님께 쓰임 받는 사명이 다른 것처럼(단 10:12-21) 성도들 중에서도 중생 이후 성결과 사회적 성결의 깊은 경지까지, 그리고 1차 구원에서 2차 구원의 경지까지 성장한 후 천국에 온 영혼들은 살아생전 받은 바 고난의 정도에 따라 하나님께 공급받은 사랑의 능력 또한 다르다(약 5:17-18).

하나님께서 수준 높게 성장한 영혼들에게 천국에서 특별히 맡겨 주시는 일들이 있을 수 있음을 깨달아 오랫동안 천국에서도 영원한 일꾼으로 쓰임 받기 위해, 오로지 하나님의 승리와 하나님의 성결과 하나님의 기쁨만을 위해 마지막 순간까지 최선을 다하는 복된 성도가 되어야 한다.

40

열매 속의 씨앗을
일등품 씨앗으로

사탄은 세상 천하 만물을 하나님에게서 넘겨받았다(눅 4:6). 하나님께서 사탄이 임금으로 군림하는 이 세상에 사람을 만드신 것은 선천적, 후천적인 좋은 조건으로 사람들과 비교 경쟁하여 경제적으로 여유롭게, 높은 신분으로 유명하게, 특별한 재능으로 사람들에게 대접받으며 살아가라고, 자녀들을 그렇게 양육시키며 살아가라고 세상에서 신앙생활을 하게 하시는 것이 아니다.

세상에서 사람들과 경쟁하여 또는 부모에게 물려받은 기득권의 조건으로, 타고난 재능으로, 특별하게 받은 은사의 도움으로 현재 좋은 환경에서 열정적으로 충성하며, 본이 되는 선행을 베풀며, 좋고 편한 삶의 환경을 끝까지 유지하려 한다면 심지어 후손들에게까지 물려주고 싶은 생각으로 살아가고 있다면, 편안함과 여유로움을 하나님께서 주신 축복으로 은근히 과시하며 살아가고 있다면 마지막 때 올바른 구원을 깨닫고 함께 신앙생활 해야 하는 같은 예수님의 지체로서 참으로 안타깝다는 말 이외 더할 말이 없다.

인생도 시작으로 시작하여 결론을 스치며 시작으로 끝나는 것이요, 성도의 삶도 씨앗으로 시작하여 열매를 스치며 씨앗으로 끝을 맺는 것이다. 그러기에 이 세상에서의 신앙생활이란 첫째도 둘째도 셋째도 영원한 천국에서 영원히 살 수 있는 천국 백성의 자격을 얻기 위한 훈련일 뿐이다.

열매가 크고, 탐스럽고, 맛있고, 향기 좋고 영양이 풍부하게 맺히는 것은 열매가 주는 도움을 받는 것으로 끝나는 것이 아니라 그 일등품 열매의 씨를 다시 땅속에 심어 달라는 동기부여를 이끌어내기 위해 맛좋고 귀한 열매를 맺게 해주신 것이다.

세상의 모든 열매가 맛과 모양과 양분을 뽐내며 무르익어가는 목적은 열매 속의 씨앗을 일등품 씨앗으로 잘 영글게 하려고 익어가는 것이다. 성도들에게 생활의 복이 임한 것 역시 먼 훗날 말년에 자녀들과 주변 성도들에게 그리고 다음 세대에게 귀한 믿음을 상속시켜주는 거룩한 씨의 사명을 감당하도록 동기부여를 주시려는 것이다.

자녀와 성도들에게 믿음을 올바르게 보다 확실하게 물려주는 것이 어렵고 힘들지만 성도들이 씨의 사명을 품고, 직계가족은 물론이거니와 흙으로 지음 받은 사람들 마음속으로 파고 들어가야 한다. 그렇게 죄성의 근거지가 되는 육체의 흙으로 만들어진 신령한 마음밭에 심겨진 고구마와 감자의 몸통이 썩는 아픔이 씨눈에게 양분을 공급하는 퇴비가 될 때 자신과 상대의 마음 속에서 희망의 나무, 사랑의 나무로 자라나게 할 수 있다. 좋고 귀한 열매를 맺는 것이 올바른 구원관으로 1차 믿음으로 구원에서 2차 사랑으로 구원까지 성장하고자 하는 성도들이 감당해야 하는 기본신앙이다.

세상에서 죄를 많이 범했었기에, 받은 바 사명의 그릇이 다르기에, 조상들이 심어주신 은혜로 남다른 사랑을 받았기에 썩는 몸통의 부분이 크게 심기면 돋아나는 새순도 굵고 힘차게 뻗어나온다는 것을 참고하여 왜 나는 하며 누구랑 비교하지 말고 자신에게 맡겨진 십자가를 끝까지 지고(눅 9:23-24) 가야 한다.

성도들에게 생활의 복은 스쳐지나가는 수단의 복이지 그 복이 목적이 될 수 없다. 세상 사람들은 열매를 맛있게 먹고 씨앗을 쓰레기 취급하지만 농부 되시는 하나님(요 15:1)을 아버지로 모시며 살아가는 자녀들은 결코 그럴 수 없다. 씨 없는 과일이 건강을 해치는 독소(毒素)를 품고 있다는 것이 실험으로 밝혀졌듯이 세상의 풍요와 달콤함을 오랫동안 누리려는 성도들은, 사탄이 임금으로 군림하는 이 세상에서 하나님께서 성도들에게 주신 생활의 복이란 천국에서 영생할 수 있는 자격자로 훈련시키시는 동기부여의 과정일 뿐임을 명심해야 한다.

1차 구원에서 2차 구원을 목표하는 올바른 구원을 사모하며 추구하는 성도들에게 하나님께서 원하시는 신앙생활이란 감당하기 힘들고 괴로운 일로 인해 베임을 당한 그루터기 신세가 되었다 해도 그 그루터기에서 희망의 새순이 돋아 나와 오로지 하나님의 승리만을 위해 한순간도 흔들리지 않는 거룩한 씨(사 6:13)가 되는 그 이상도 그 이하도 아님을 명심하는 것이다.

현재 영육 간에 일등품 열매를 맺고 있는 밤나무, 상수리나무의 복을 받으며 살아가고 있다면 그는 열매를 잘 맺고 있는 밤나무, 상수리나무가 언젠가는 베임을 당할 수도 있다는 각오로 신앙생활 해야 한다. 이러한 마음가짐은 1차 구원에서 2차 구원으로 성장하도록 훈련받아야 하는 성도에게 선택이 아닌 필수다.

사실 베임 당한 그루터기에서 새순이 돋아나도 이전처럼 열매를 맺힐 수 없다. 불가능하다. 그루터기도, 창조주께서도 그러한 사실을 알고 있음에도 절대 감사와 절대 순종의 신앙으로 하나님의 승리만을 위해 희망을 품고 새순이 돋아나는 그 그루터기를 거룩한 씨라고 하시는 것은 하나님의 성결과 하나님의 승리만을 위해 하나님께 훈련받는 성도란 어떠한 상황 속에서도 포기만 하지 말아 달라는 것이다.

자연의 이치로 세상적인 계산으로 어떠한 결과가 예상된다 해도, 주변 사람들의 평가가 어떠하다 해도, 그렇게 하지 아니하실지라도(단 3:17-18) 믿음으로 끝까지 버티면 이후의 결과는 하나님께서 책임져 주신다.

경제뿐 아니라 모든 면에서 어렵게 살아가는 성도와 목
회자의 자녀들이 명심해야 할 것이 있다. 현재 궁핍한
생활을 하고는 있지만 언젠가는 큰 교회, 상류층가정,
유명한 일꾼들 가정의 자녀들보다 더 수준 높은 믿음
소망 사랑을 성숙시켜 아무나 감당할 수 없는 특별사명
을 베풀어주시려는 하나님의 복된 기회가 만들어져 가
고 있다는 희망을 품는 것이다.

PART 3
성결과 성숙

the right sa

하나님 예수님 성령님께서 개인(가족을 포함)적으로 또는 세상 모든 사람들에게
베풀어 주신 사랑의 빚이 있다. 이를 기억하고 세상에서부터 천국에 가서까지도
영원토록 사랑의 빚을 갚아드리려는 그 중심을 기특하고 대견스럽게 보시면서
주시는 수준 높은 천국의 사랑, 하나님의 사랑을 공급받아 이루어지는 성결이 하
나님의 성결이다.

41
거룩한 씨, 부활의 권능, 희생제물

    천국으로 인도하는 생명 길은 좁은 길이라 하였다. 길이 좁다는 것은 주변에서 쉽게 볼 수 없는 영적투쟁이기에 그 길로 가는 사람들의 수효가 적다(마 7:13-14). 하나님 예수님 성령님께 사랑의 큰 빛을 지고 살아가는 신약의 성도로서 그루터기가 되는 쓰라린 과정을 필수로 통과해야하지만 그럼에도 흔들림 없이 하나님께 거룩한 씨로 살아남는 성도들만이 가는 길이 좁은 길이요, 모든 상황을 초월하여 부활의 권능과 희생제물로 인정받는 성도들이 들어가는 좁은 문이 천국 문이다.

    성도들이 극심한 고통으로 베임을 당하는 그루터기의 과정을 통과하면서 겪는 상처와 아픔과 고통으로 예수님의 고난에 동참하므로 거룩한 씨(사 6:13, 합 3:17-18)와 부활의 권능(빌 3:7-16, 고후

12:7-10)과 희생제물(사 53:4-6, 행 7:59-60, 고전 15:31, 엡 5:2)의 경지까지 성장을 목표하는 성도들이 오늘날 과연 몇 사람이나 될까?

천국은 믿음으로 구원받아 가는 곳이라 하였는데 천국의 기준을 너무 높게 설정하는 것이 아닌가? 그것이 올바른 구원관인가? 라고 말할 수 있다. 할 수 있는 질문이다. 성도들이 죽은 후 가는 곳이 낙원 천국이든 최종적인 본 천국이든 그곳을 가고 못 가는 것은 전적인 하나님의 주권에 달려있기에(눅 18:27) 믿음으로 구원받는 기본 그 이상을 사람이 경솔하게 말해서는 안 된다.

다만 생명 길이 되는 좁은 길로 가는 성도들이 적다고 하셨기에, 그 좁은 길 이외에 다른 길로 낙원 천국을 갈 수 없기에, 마지막 때일수록 사탄의 간교한 술수가 너무도 교묘하고 강력하기에, 오늘날 세상에서 구원받을 사람이 심히 적을 수도 있기에, 자신들은 구원받아 천국 갈 수 있는 것으로 착각하고 넓은 길로 가는 성도들이 많기에, 착각의 구원으로 천국을 가지 못한 기록들이 성경에 여러 번 증거하고 있음에 경각심을 높여주려는 것이다.

성도들이 천국을 가는 데 도움을 주려고 즉 부화과정에서 새끼가 껍데기를 스스로 깨고 힘들게 빠져나오는 것이 자연의 섭리이듯, 반드시 죽는 과정을 통과해야 새 생명의 부활이 이루어지는 것이듯 성도들에게 천국 들어가는 기준을 최대한 높이려는 것이요 무엇보다도 받은 바 구원을 지키기 위해 받아야 하는 중생 이후 성결을 사모하며 추구하는 성도들이 높은 수준의 경지까지 성장하는 데 도움을 주려는 것이다.

42

대신 싸워주시는 부활의 권능

거룩한 씨와 부활의 권능과 희생제물의 경지까지 성장하는 신앙생활이란 하나님께서 그를 대신하여 사탄과 싸워주시는 경지까지 성장한 성도들이다.

하나님께서 그를 위해 대신 싸워주시는 신앙생활을 한다고 해서 그에게 고통, 상처, 갈등, 괴로움, 손해, 아픔이 없는 만사형통의 평안한 삶을 살아간다는 뜻이 아니다. 대신 싸워주신다는 것은 부활의 권능의 도구로 사용되기까지 그 자녀가 겪었던 아픔과 고통과 상처와 억울함(고후 1:8-9) 등을 보상 해주시겠다는 것이다.

보상이란 하나님의 자녀가 절대 감사 절대 순종의 순교적 신앙으로 성장하기까지 수없이 많은 극심한 고난으로 연단을 받았으니 그 대가로 자신과 모두를 위해 마지막 순간까지 간절하게 기도할 수밖에 없는 환경으로 몰아가 주시는 은혜로 끝까지 책임져 주시겠다는 것이 하나님께서 베풀어주시는 보상의 축복이다.

사도 바울은 내가 그리스도의 그 부활의 권능과 그 고난에 참여함을 알고자 하여 그 죽으심을 본받아 어떻게 해서든지 죽은 자 가운데서 부활에 이르려 하신다고 하시면서 그리스도 예수께 잡힌 바 된 그것을 잡으려고 달려간다고 말씀하셨다(빌 3:10-16).

예수님께 잡힌다는 것은 생사화복(生死禍福)의 모든 것을 전적으로 맡긴다는 순교적 신앙을 말한다. 맡긴다(에피리판테스 ἐπιρίψαντες, 벧전 5:7))는 바닥 천이라는 뜻이다. 예수님께서 나귀를 타고 예루살렘에 입성하실 때 나귀의 발밑에 깔아놓는 천처럼 주님의 뜻을 이루어드리기 위해 가장 낮은 곳에서 희생의 섬김과 절대적 순종과 절대적 감사로 죽도록 충성하는 행위를 보시고 주님께 그를 전적으로 책임져 주시겠다는 것이다.

부활의 권능이란 하나님께서 사람에게 허락하실 수 있는 범위 안에서 가장 깨끗한 흰색으로 성장하여 하나님의 품 안에 안겨도 하나님의 흰색을 변색시키지 않는 수준 높은 성결로서 자신을 통과하는 하나님의 능력을 가감 없이 통과시키는 능력을 말한다.

오히려 세상에서 그리스도가 남겨주신 고난을 자신의 육체에 채우는 삶을 통해 직계가족은 물론이거니와 믿음의 후손들에게 믿음 소망 사랑을 상속해주는 통로로 자신이 쓰임 받고 있다는 기쁨이 충만하여 자신과 관계된 사람들 모두와 하나님 사랑, 사람 사랑, 자신을 사랑하는 사랑으로 관계를 맺는다.

그러면서 하나님의 사랑을 증거하는 증인의 삶을 살아가도록 하나님께서 그를 끝까지 붙잡아 주시는 은혜가 하나님께서 그를 위해 대신 사탄과 싸워주시는 부활의 권능이다.

부활의 권능이란 1차 믿음으로 구원에서 2차 사랑으로 구원받기를 소원하는 것과 중생 이후 성결과 더 나아가 사회적 성결을 사모하며 추구하는 성도들이 받게 되는 최고로 값진 하나님의 선물이다.

43

언어와 신앙 성장과 지도자

1차, 2차 올바른 구원의 성장을 위해, 중생 이후 성결과 사회적 성결의 깊은 경지까지 성장하고자 하는 성도들은 남다르게 열정적인 충성과 오랜 세월 모범적인 신앙생활을 하고 있기에 그는 목회자로 또는 자신에게 맡겨진 분야에서 훌륭한 지도자로 쓰임받게 된다. 이렇게 목회자로 지도자로 믿음의 선배로 또는 모범된 부모로 쓰임 받는 하나님의 자녀들이 간과해서는 아니 될 중요한 훈련이 있다.

사람에게는 언어(言語)가 있다. 다른 생명체들처럼 본능적으로 그 어떤 신호만을 전달하는 정도의 언어유통이 아니다. 사람은 뛰어난 지능으로 언어를 사용하여 기초교육으로부터 전문교육을 통해 개인과 가정의 발전과 단체와 국가발전과 신체 건강과 삶의

167

환경과 신앙 성장 등에 많은 도움을 주고받는다. 수준 높은 언어를 사용하는 사람들에게 특징이 하나 있는데 자신이 말한 것을 행동으로 실천하기 어렵다는 것이다. 행동의 실천보다 말이 앞설 때가 많다. 올바른 구원으로 성결의 깊은 경지까지 성장하려는 성도들도 예외는 아니다(약 3:2-3, 벧전 3:10).

반드시 그런 것은 아니지만 사람들 중에서도 지능이 뛰어나면 뛰어날수록 남다르게 판단력, 관찰력, 사고력, 응용력, 기억력, 이해력 등과 거기에 친화력, 포용력, 추진력, 결단력까지 뛰어난 사람들이 있다.

그렇게 다방면으로 뛰어난 그는 그 뛰어난 부분을 통해 남들보다 앞서가는 위치에서 생활의 유익함을 먼저 깨달아 많은 사람들이 해야 할 것과 해서는 안 될 것들과 필요한 것들을 깨우쳐주고 도와주는 지도자로 쓰임 받게 된다.

사람은 모든 생명체들보다도 높은 수준의 사회적 생명체이기에 사람들은 사회에서 경험 많은 선배의 도움과 수준 높은 지식과 뛰어난 지혜로 앞서가는 지도자의 도움과 부모와 목회자와 신앙 선배의 도움과 탁월한 재능과 전문기술의 도움 등을 필요로 한다.

중생 이후 성결과 사회적 성결의 깊은 경지까지 성장하도록 훈련받는 성도들 대부분은 뛰어난 지능과 재능을 소유한 사람들이 많다. 지능과 재능이 뛰어나 수준 높은 교육과 훈련을 감당하며 깊고 폭넓은 지식을 쌓고 재능을 숙련시키는 데 도움을 주면 본인이 원하든 원하지 않던 그는 사람들을 이끌고 교육시키는 지도자가 된다.

남들보다 삶의 도움이 되는 지혜를 먼저 깨닫고 순수한 믿음으로, 탁월한 재능으로 앞서가는 지도자로 쓰임 받고 있는 사람으로, 말보다 행동으로 중요한 일을 헌신적으로 사람들에게 도움을 주는 귀한 일꾼들도 많다.

그렇지만 말과 행위의 우선순위를 올바르게 실천하지 못하여 여러 가지 변수를 발생하게 하는 선생(teacher), 리더(leader), 부모(parent), 성직자(master), 목사(pastor)들 또한 많다.

44

엄격한 기준으로
심판받는 지도자

현재 하나님의 일꾼으로 쓰임 받고 있거나 특별히 목회자의 사명을 받아 사명자로 쓰임 받기를 간구하는 성도들은 '너희는 선생 된 우리가 더 큰 심판 받을 줄을 알고 많이 선생이 되지 말라'(약 3:1)는 성경 말씀을 마음속 깊이 새겨들어야 한다.

야고보가 강조하는 선생이란 앞서가는 위치에서 터득한 지식을 교육하는, 경험을 전수하는, 숙련된 기술을 전수하는 teacher나 맡겨진 사람들을 이끌어가는 leader의 수준이 아니다.

지식과 경험과 기술로 도움을 주면서도 사람다운 삶의 인성교육(人性教育)과 사탄과 피 흘리기까지 싸우는 영성훈련과정을 깨우쳐주는 이론적인 교육과 실천적으로 직접 보여주는 삶을 통해 맡겨진 사람들을 책임지는 헌신적 사랑으로 성도와 자녀들을 올바르게 양육시키는 선생 (헬 διδάσκαλοι, master, 약 3:1)이다.

신학대학원 목회학석사 과정을 M.div(master divinity)라고 한다. master divinity란 하나님께서 자신에게 사람들을 '맡겨주셨다'는 주인정신으로 사람들을 책임지고 끝까지 올바른 신앙으로 양육시켜야 하는 특별 사명을 받은 성직자다. 성경에서 준비 없이 선생(master)이 되지 말라는 말씀은 지도자의 자격을 갖춘 사람만이 지도자가 돼야 한다는 것이다.

pastor와 master가 될 수 있는, 돼야 하는 자격과 실력을 갖추었기에 그는 pastor 또는 master로 쓰임 받게 되지만 사람이란 기본적으로 행동의 실천보다 말이 앞서가는 기본습성을 갖고 있기에 설령 pastor와 master가 전달해준 말이 맡겨진 성도들에게, 자녀들에게, 후배들에게 도움을 주었다 해도 도움을 준 지도자로서 말의 실수가 없는 온전한 사람으로(약 3:2) 살아가기란 참으로 쉬운 일이 아니다.

앞서가는 언어(言語)의 속도와 깊이에 따라 발생되는 여러 가지 변수를 그가 행동으로 따라잡기 어렵고 책임지기도 어렵기에 parent와 teacher와 leader는 더 나아가 master와 pastor는 언행(言行)의 우선순위를 잘 실천하며 관리해야 한다.

성도들과 자녀들과 제자들이 하나님께 인정받는 모범된 성도로 성장하도록 도움을 주기 위해 사회적으로 신앙적으로 모범적인 삶을 보여주어야 하는 지도자가 받은 바 사명을 감당하면서 사람들에게 본을 보여주지 못하면 그는 남들보다 더 엄격한 기준으로 심판을 받는다(약 3:1).

　모든 지도자들은 야고보의 말씀을 한순간도 잊어서는 안 된다. 그러한 경각심을 품고 신앙생활을 해야 중생 이후 성결과 사회적 성결의 경지까지 성장하는데, 1차 믿음으로 구원에서 2차 사랑으로 구원의 경지까지 성장하는 데 많은 도움을 받는다.

45

착각의 구원으로 멸망의 길을

천사 중에서도 미가엘 천사장만 물리칠 수 있을(단 10:13) 정도로 강력하고도 극악무도(極惡無道)한 사탄이 임금(요 12:31)으로 군림하는 이 세상에 사람을 만드신 하나님의 그 깊으신 뜻을 깨달아 올바른 구원관으로 신앙생활하는 성도들이 과연 우리 주변에 몇 사람이나 될까?

창조력으로 987년에 에녹이 살아있는 몸으로 승천(昇天, 창 5:24)하는 것을 930년에 소천(召天)한 아담은 보지 못했지만 에녹의 아들 므두셀라(687~1656, 창 5:21, 27)는 300세에 아버지가 승천(昇天)하는 것을 보았다. 노아(1056~2006)와 그의 아들 야벳, 함(1556生), 셈(1558~2158)도 장수(長壽)한 므두셀라를 통해 에녹의 승천복음(昇天福音)을 전해 들었다.

놀랍고도 신비스러운 승천복음을 전해 들었으며 그리고 그때 그때마다 하나님께서 직접 베풀어 주시는 은혜로 신앙생활했던 그 시대의 성도들이었지만 대부분의 많은 사람들이 하나님의 뜻에 벗어난 신앙생활을 하였기에 노아가 120년 동안 방주를 만들면서 심판의 재앙이 있을 것을 말과 삶으로 전한 심판의 경고를 믿지 않으므로 모든 사람이 홍수로 비참하게 죽었다.

오늘날에도 사탄이 임금(눅 4:5-6)으로 군림하는 세상에 사람을 만드신 하나님의 깊은 뜻을 모르고 좁은 길을 걷다가 좁은 문으로 들어가기 위해 필수적으로 깨달아야 할 올바른 구원관을 모른 채 많은 성도들이 시대적인 흐름에 휩쓸려 마치 광야에서 40년간 맴돌다 여호수아와 갈렙을 제외한 출애굽 1세대 사람들이 광야에서 죽었다.

오래 전 이미 사탄의 자식이 된 것을 모른 채 자신들은 아브라함 자손이라(요 8:37-44) 하면서 예수님을 죽음으로 몰아간 이스라엘사람들처럼, 현대의 성도들이 서로 더불어 함께 신앙생활하고 있는 그 신앙생활 습관과 수준이 만에 하나 착각의 구원으로 생명의 길이 아닌 멸망으로 인도하는 잘못된 길을 걸어가는 것이라면 성도들은 참으로 불쌍한 사람들로서 이보다 더 큰 비극은 없을 것이다.

46

타고나고 물려받은
기득권의 축복과 성결

깊은 경지의 성결을 사모하는 성도는 누구보다도 자신이 가장 더러운 죄인으로 구원을 받았다는, 그래서 자신이 누구보다도 가장 큰 은혜를 받았다는 빚진 자의 마음(눅 7:36-47)과 그 빚을 갚기 위한 종의 신분으로 자신이 하나님께와 사람들에게 더 많은 빚을 갚아야 하는 것을 한순간도 잊지 않아야 한다.

사랑의 빛이 누구보다 크면 큰 수록 보답해야 할 책임 또한 크게 작용하기 때문이다(눅 7:36-47). 받은 은혜가 사랑으로 승화되어 모두를 사랑하고자 하는 빚진 자의 사명을 깨달은 성도는 어떠한 상황 속에서도 누구에게도 자신의 뛰어난 부분을, 받은 바 특별한 은사를, 삶의 좋은 결과와 환경을 결코 자랑하지 않는다.

오히려 자신에게 나타난 좋은 결과가 조상으로부터 물려받고 타고난 기득권의 혜택을 많이 받아 이루어진 부분이 많은 것은 아닌가 하는 마음으로 모두에게 미안하게 또는 부끄럽게 생각한다.

이들은 물질적 여유와 뛰어난 지적 능력과 규모 있는 교회의 목회와 특별한 재능과 능력의 은사와 사회적 신분과 외모와 신체적 좋은 조건 등 기득권의 축복으로 이루어진 좋은 결과를 빚진 자의 마음으로 생각한다. 그리하여 가족의 범위와 사랑의 범위와 사명의 범위를 넓혀 많은 사람들에게 진실 되게 봉사할 수 있는 사람으로 쓰임 받고 있음에 하나님께와 조상과 부모와 지역과 환경에게까지 감사한다.

기득권의 좋은 조건으로 뛰어난 지적능력과 재능, 물질, 신체 조건 등 좋은 환경을 타고났고 물려받은 것은 사실이지만 그래도 자신은 남들보다 더 기도도 많이 했고, 말씀도 많이 읽고, 더 노력하고, 땀도 더 많이 흘리고, 남모르게 많은 눈물까지 흘리며 어려운 환경을 극복해 나가는 고통의 시간과 외로운 시간을 많이 보내어 지금의 좋은 결과가 이루어진 것이라고 항변할 수 있다. 할 수 있는 말이다. 100% 인정한다.

부모와 조상들이 심어주신 기득권의 복과 타고나고 물려받은 좋은 조건으로 그 어느 한 전문분야에서 주변 사람들과 세상과 인류를 위해 위대한 업적을 남기신 분들 또한 많다. 고맙고 감사한 일이요 그는 하나님께 그렇게 쓰임 받았기에 존경받아 마땅하다.

다만 자신이 그렇게 존경을 받게 된 것에 대하여 처음부터 출발점이 다르고 경쟁의 시작조건과 위치가 달랐었던 것을 공정하고 공평하게 심판하시는 하나님께 조금은 미안하게 송구스럽게 생각하자는 것이다. 그런 마음을 품고 있어야 매사에 자랑하지 않고 겸손해지며 현재의 좋은 결과와 받은 바 환경의 복에 빚진 자의 마음을 품으면서 많은 사람들을 수준 높은 사랑으로 사랑하며 사랑받는 데 도움을 주려는 것이다.

중단과 퇴보가 없는 성장으로 받은 바 구원을 지키기 위해 훈련받아야 하는 중생 이후의 성결을 사모하고 사회적 성결까지 성장하는 데 도움을 주려는 것이다. 그런 사람의 성숙 과정을 살펴보자.

1) 이미 타고난 월등한 재능으로 남들보다 빠른 속도로 뛸 수 있는 선수가 달리기를 하면서 다른 선수들보다 팔을 좀 더 기술적으로 또는 힘차게 빠르게 더 많이 흔들었다고,

2) 보폭을 조금 더 넓혀 기록이 좋아졌고,

3) 국가대표로 발탁되어 힘든 합숙훈련을 받았고,

4) 외국유학 중 외로움과 서러움과 어려운 환경을 힘들게 극복했고,

5) 한때 가족이 본인이 질병으로 고통을 받았고,

6) 물려받은 지적 능력으로 높은 신분으로 나라와 민족을 위해

교단과 기업과 단체를 위해 중요한 일을 많이 했고,

7) 물려받은 권세와 물질로 신자 불신자와 국내외로 어려운 사람들을 많이 도와주었다 하면서 타고나고 물려받은 좋은 조건을 합리화시키려면 그는 성결뿐만 아니라 주 안에서의 신앙성장에 큰 도움이 되지 못할 수도 있으며, 도움을 받는다 해도 그리 수준 높은 도움을 받을 수 없다는 것을 참고하여 공평하게 공정하게 심판하시는 하나님께 좋은 평가를 받기 어려울 수도 있다는 것을 조심스럽게 말하고 싶을 뿐이다.

성경에서 보여 준 사건과 기록들과 인류가 살아온 역사와 성도들이 살아가고 있는 현실을 살펴볼 때 사탄에게 쓰러지지 않으려고 강력한 영적투쟁을 하는 성도들을 찾아보기 어렵다.

은혜를 받은 뒤 자신을 쓰러트리려는 사탄의 침투를 예상하면서 침투하려는 사탄보다 강력한 영력으로 무장하지 못하면 거의 모두 은혜 받은 뒤 누리게 될 풍족한 생활과 뛰어난 위치와 직업과 재능과 앞서가는 세상권세 때문에 하나님 제일주의가 아닌, 유일신 신앙과는 관계가 먼 모양만 성도로 변질된다. 인간이 그렇다.

뒤늦게 하나님의 특별한 은혜로 본인과 가족의 질병, 물질, 환경 등 극심한 고통과 고난과 어려움이 닥쳐와 간절하게 기도를 할 수밖에 없는 상황이 되어 회개할 기회를 얻어 특별하게 구원받는 경우가 있으나 오랫동안 좋은 환경에서 신앙생활을 하는 성도로서 수준 높은 경지까지 성장하기란 정말 쉽지 않다(신 31:20). 거의 불가능하다고 해야 한다.

그러한 결과가 나타나게 되는 가장 큰 원인 역시 올바른 구원관을 정확하게 모르기 때문이다. 신앙생활을 잘하고 있기에 하나님께서 특별히 순종의 힘(히 5:8)을 키워주려고 고난을 주실 때 세상적이며 인간적인 방법을 총동원하여 힘들고 어려운 고난을 모면하려 한다.

또 좋은 환경에서 신앙생활하는 것을 자신이 하나님께 인정받고 있는 것으로 은근히 과시했기에, 사람이 감당해야 할 것까지 전지전능하신 하나님께 '믿습니다' 하며 살아왔기에 고난을 통해 보다 강력한 순종의 힘을 끊임없이 키워야 한다는 생각하기 어렵다. 그래서 가족과 함께 좋은 모습으로 삶을 끝까지 유지하려 한다.

47

천국에 가서도 끊임없이
계속 성장

구약의 성도들 신앙수준을 표현할 때 초등학문(갈 4:3)이라는 말을 사용했다. 모두에게 적용되는 것은 아니지만 일반적으로 구약 성도들의 신앙심을 어린아이 수준으로, 또는 실체를 보여주기 전 간접적으로 보여주는 그림자(골 2:16-17, 히 10:1) 역할을 하는 시대로 구약을 그렇게 말씀하고 있다.

예수님의 마음을 닮아가는 삶으로 깊은 사랑을 성숙시켜야 하는 신약의 성도로서 신약의 복의 수준과 사랑의 깊이를 구약수준 정도로 목표하는 신앙생활을 한다면 이것은 하나님께서 신약의 성도들에게만 원하시는 믿음과 소망과 사랑을 깊은 경지까지로 성장시키시려는 훈련을 감당하기 어렵다. 아니 불가능하다.

구약수준의 신앙생활과 신약 성도로서 감당해야 할 신앙 수준을 확실하게 구분하지 못하고 구약의 복과 구약의 사랑 정도에 만족하는 신약의 성도는 올바른 구원을 받기 위한 그리고 지키기 위한 1차 구원에서 2차 구원으로, 중생 이후 성결에서 사회적 성결의 경지까지 성장하기 정말 어렵다.

그런데 안타깝게도 신구약의 복의 정의와 믿음의 성장과 사랑의 수준을 올바르게 구분하는 데 도움을 주는 말씀을 듣기가 쉽지 않다. 다시 말해 대부분의 신약 성도들이 신구약의 성도들에게 달리 요구하시는 하나님의 뜻을 올바르게 깨닫지 못한 채 신앙생활을 하고 있다.

독생자 예수님을 죽이시기까지 사람을 사랑하시는 하나님 아버지의 눈물겨운 사랑과 받으신 고난을 통해 희생제물로 죽어주신 예수님의 희생과 그의 사랑과 말할 수 없는 탄식으로 기도해 주시면서 성도들과 동행해주시는 성령님의 사랑을 값없이 받은 신약의 성도이면서 구약의 성도들에게 주시려는 수준의 복을 사모하기에, 세상에서 뽐내고 즐기다가 세상에서 모두 소멸되는 그러한 복을 받으려고 신앙생활하기에 세상 사람들에게 기복신앙(祈福信仰)으로 평가받는다.

하나님의 자녀들은 천국만 가면 모두 끝나는 것이 아닌데, 천국에 가서도 끊임없이 계속 성장하는 것인데 이러한 하나님의 올바른 구원관을 모르기에 자신이 누리고 있는 생활 속의 열매들이 천국에 가서도 계속해서 성숙시켜야 할 사랑의 성숙에 도움이 될 만한 것들이 얼마나 있는지, 자신의 영적 상태를 확인할 생각조차도 못한다.

　평생토록 시간과 정성을 쏟아 맺은 신앙의 열매지만, 또한 그런 열매를 목표로 성도들과 믿음의 후배들과 자녀들을 후원하며 양육시키지만 정작 천국에 가서 사랑을 성숙시키는 데 도움이 될 만한 것들이 별로 없다면 참으로 안타까운 일이 아닐 수 없다.

48

천국까지 연결되는 신령한 축복

세상 사람들이 부러워하는 축복이란 풍족한 삶을 누리는 상류 계층의 사람들로서 물질, 명예, 건강, 권세, 인기직업, 특별한 재능, 뛰어난 지적 능력, 지혜, 학식, 학벌, 큰 교회, 신비한 은사, 놀라운 능력, 외모 등으로 유명해지고 부러움의 대상으로 존경받고 대접받는 사람들이다.

대부분의 부모들도 자녀들의 믿음을 성숙시키려고 목표를 세우지만 위에서 언급한 세상에서 대접받는 조건과 신분으로 복을 받는데 비중을 두며 자녀들을 양육시킨다. 그러나 그러한 세상의 복은 천국에 가면 모두 사라지는 복이다.

천국에 가서도 사랑의 성숙이 계속되는 것임을 깨달은 목회자와 부모라면 앞서 언급한 복들이 과연 천국에서 사랑을 성숙시키며 수준 높은 성결로 계속 성장하는 데 얼마나 도움이 되겠는가를 깊게 기도해 보아야 한다. 신약의 성도로서 생활의 복과 사랑의 깊이와 영적성장의 목표와 감당해야 할 사명 등을 구약의 기준으로 신앙생활하는 성도는 사랑의 성숙은 성결의 깊이요, 성결의 성숙은 사랑의 깊이라는 하나님의 깊은 뜻을 깨닫기 어렵다.

주를 위해 열정적 충성을 한다 해도 수준 높은 사랑을 성숙시켜 천국에 가서도 하나님을 결코 배반하지 않도록 절대 감사 절대 순종을 훈련받기 위해 고난을 그것도 극심한 고난을 기쁨으로 극복하는 신앙훈련을 감당하기 어렵다.

성도가 천국을 가면 누구나 똑같이 절대 순종과 절대 감사로, 영적수준이 최고의 사랑으로 변화되는 것으로 알고 있는데 무슨 천국에서도 사랑을 성숙시켜야 하는 것이냐 하면서 성도가 예수 그리스도의 지체라는 덕만 보려고, 권리만 누리려고 한다면 안 된다. 그러면 예수님의 지체로서 세포에 영양을 공급 해주어야 하는 의무와 사명을 성실하게 감당함으로 1차 믿음으로 구원에서 2차 사랑으로 구원과 중생 이후 성결과 사회적 성결까지 성장시키는 훈련을 감당하기 어렵다.

올바른 구원관을 깨달은 성도들이 많지 않기에, 거의 모든 성도들이 유행 따라 습관적으로 주변 성도들과 함께 어울리며 신앙생활하기에 천국에서도 계속 성장하면서 영생하는 하나님의 깊은 뜻을 깨닫기 어렵다. 좁은 길을 걷다가 좁은 문으로 들어가야 천국에 갈 수 있다는 성경 말씀이 어느 수준의 신앙생활인지를 이해하기 어렵다. 그 길이 어떤 길인지 질문하면 답을 못한다.

사랑의 수준과 깊이가 낮고 얕은데 어떻게 중생 이후 성결과 사회적 성결을 사모할 수 있으며, 모든 상황 속에서 손익계산과 이해득실과 대상과 일과 시간과 감정에 관계없이 사람의 정이 아닌 하나님의 사랑을 모두에게 똑같이(고전 13:1-3) 실천할 수 있겠는가?

그러므로 신약의 성도는 구약의 성도들과는 다르게 천국에 가서도 사랑의 성숙으로 수준 높은 성결의 경지까지 성장에 도움이 되는 △믿음, 소망 사랑 △말씀, 기도, 찬양 △겸손, 순종, 감사 △절제, 참음, 인내 △책임, 종, 섬김 △예배, 위로, 긍휼 △선한 양심, 깨끗한 마음, 정직한 생활 △중보기도, 중보 회개, 고난 동참 등과 △봉사의 땀, 헌신의 눈물, 희생의 피를 흘리는 △순교적 신앙, 거룩한 씨, 부활의 권능, 희생제물로 드려질 수 있는 자격을 인정받는 신앙의 열매 등을 최고의 축복으로 목표하는 신앙생활을 해야 한다.

49

순종의 능력을 키워야 한다

신구약에서 하나님께서 원하시는 성도의 신앙 성장목표가 다르기에 구약에서 성도의 믿음을 성숙시키는 훈련으로 사용된 말씀은 대부분 순종하라 그리하면 질병도 치료받고(출 15:26), 생활의 복도 받고, 소원이 응답 된다(신 28:1-19)는 말씀이다.

그래서 모든 성도들은 주일성수를 잘 지켜라, 신령과 진정으로 예배를 잘 드려라, 성경을 정독(精讀)하고 다독(多讀)하라, 깊이 있는 기도생활을 하라, 뜨겁게 찬양하라, 모든 염려를 하나님께 맡겨라, 선행을 베풀라, 충성의 본을 보여라, 감사하라, 겸손하게 자신을 낮춰라, 종의 마음으로 모두를 섬겨라, 고난을 잘 참고 견뎌라, 사람다운 삶을 살아라, 중보기도 중보회개를 하라, 성결하라, 네 이웃을 네 몸처럼 사랑하라 등등의 말씀을 목회자로부터 부모와 신앙 선배로부터 전달받으며 믿음 소망 사랑이 성장된다. 전혀 잘못될 것이 없다.

초등학문(갈 4:1-7)으로 비유된 구약과는 달리 성인의 믿음으로 신앙생활 해야 하는 신약의 성도들은 예수님께서 희생제물로 죽어주시는 은혜로 구원받아 성령님을 모신 신령한 성전으로 살아가는 축복을 받았기에. 지체(肢體)의 사명과 성전의 사명을 감당하면서 예수님께서 걸어가신 고난의 발자취(벧전 2:18-21)를 따라가는 희생적인 삶으로 예수님의 사랑의 성품을 닮아가는 성도가 되었음에 자부심을 가져야 한다.

신약 성도는 예수님처럼 희생하는 삶으로 생애를 마감해야 하는 사명자들이기에 구약의 성도들처럼 순종하라는 말씀까지 만으로 양육하며 양육 받는 신앙생활로는 사탄을 대적하는 영적투쟁에 큰 도움을 받지 못한다.

성경을 통해서, 설교를 통해서 또는 문서와 세미나 등을 통해 성도로서 하나님께 순종해야 할 것을 깨달았다면 그 다음으로 그는 받은 바 깨달음을 행동으로 실천하려는 마음을 굳게 다짐한 후 마음먹은 그대로 하나님께 순종을 잘 실천할 수 있도록, 즉 성도의 순종을 방해하는 사탄을 대적할 수 있는 순종의 능력을 키워야 한다.

예수님께서 공생애를 시작하시기 전 사탄에게 시험을 받으신 것(마 4:1-11)은 예수님만 받는 시험이 아니다. 예수님의 혈통의 뿌리 역할을 한 다윗과 그 밖에 구약에서 귀하게 쓰임 받은 일꾼들과 신약의 예수님 제자들과 사도 바울도 받은 바 사명을 감당하기 전 사탄과 씨름하는 강도 높은 시련의 훈련을 받았다.

누구나 사명자로 살아가야 하는 신약의 성도로서 특히 수준 높은 성결을 사모하는 올바른 구원관으로 신앙생활해야 하는 성도들은 누구나 예외 없이 자신이 받은 사명을 감당하기 위해 사탄을 물리칠 수 있도록 능력을 키우는 훈련을 체계적으로 받아야 한다. 모두가 사명자인 신약의 성도들이 사탄을 대적하기 위해 차별된 훈련을 받기 위해서는 하나님께서 예수님을 어떻게 훈련시키셨는가 하는 것을 잘 깨달아야 한다.

50

고난의 정도와 순종의 능력

예수님께서는 무흠하시고 죄가 없으신(요일 3:5) 완전하신 하나님의 아들이시지만(히 1:3) 예수님께서도 사탄이 임금으로 군림하는 이 세상에서 인성(人性)으로 살아가야 할 부분이 있으시기에, 인성으로 살아가는 사람의 실체를 보다 구체적으로 체휼(히 4:15)하시면서 도와주시기 위해, 모든 성도에게 본을 보여주시려고 [예수님에게도 고난을 통해 순종을 배우게 하셨다](히 5;8-9).

'배우셨다'(learn, 헬 ἔμαθεν)를 동사로 해석하면 '익히다, 습득하다'로써 예수님께서도 고난을 통해 순종을 익히고 습득하는 훈련을 받으셨다. 이것이 신약의 성도들이 구약의 성도들과 다르게 받아야 하는 필수과정의 훈련이다.

신약에서도 초신자들에게는 구약의 성도들처럼 순종하라 그리하면 복을 받으리라는 수준으로 신앙교육을 시작한다. 그러나 누구나 자신의 희생을 감수(甘受)해야 하는 신약의 성도들과 자녀들을 수준 높게 성장시키고 양육시켜야 하는 신약의 부모와 모든 지도자들은 성도들과 자녀들에게 충성하라, 순종하라 그리하면 복을 받을 것이다, 믿음이 성장할 것이다, 승리할 것이다 등의 말씀과 함께 신약의 성도들은 예수님께서 희생제물로 죽어주신 사랑의 큰 빚을 졌기에, 신약의 성도로서 받은 바 특별 사명을 감당하려면 주를 위해, 사람들을 위해, 세상을 위해 고난도 함께 받아야 한다(롬 8:17, 빌 1:29, 딤후 2:3)를 전해주면서 이 사명은 선택이 아니라 필수라는 말씀까지를 전달해 주어야 한다.

신약의 성도들을 양육하는 지도자와 부모들은 순종의 능력이 강해지도록 예배와 말씀 기도 찬양생활과 영혼 구원 등의 열정적인 충성과 선한 양심으로 사랑을 베푸는 선행 등으로 훈련시키는 것과 함께 고난으로 순종의 힘을 키우는 훈련과정이 구체적으로 세워져야 한다. 예수님께서 고난을 직접 체휼하신 것처럼 목회자와 부모들은 자신이 사탄과의 영적투쟁을 통해 고난을 극복한 만큼만 성도들과 자녀들에게 하나님의 사랑과 능력과 은혜를 전달해주는 통로로 쓰임 받게 된다는 말씀을(히 2:18) 명심하여 말로만 중간역할이 아닌 체험적 신앙생활을 직접 보여주면서 성도들에게, 자녀들에게 순종의 능력을 성장시키는 지도자(약 3:1)의 사명을 감당해야 한다.

신구약을 막론하고 사탄이 임금으로 군림하는 세상에서 신앙생활하는 모든 성도들은 고난을 통해 강해진 순종의 능력만큼만 사랑할 수 있고, 충성할 수 있고, 맡길 수 있고, 섬기고, 전도하고, 기도하고, 찬양과 말씀을 사모하는 등의 신앙생활을 할 수 있다.

특히 중생 이후 성결과 사회적 성결의 경지까지 성장하려는, 그리고 1차 믿음으로 구원에서 2차 사랑으로 구원의 올바른 구원관을 깨달은 성숙한 성도는 순종의 능력을 키워주시려는 고난을 기뻐하고 감사하며 오히려 자원(自願)하여 고난과 아픔을 통해 성장시켜 주시려는 순종의 훈련을 기다려야 한다.

51

달아오른 한 줌의 흙 속에 심겨진
연약한 나무

목회자로서, 부모로서, 신앙선배로서 성도에게 자녀에게 후배 성도들에게 믿음의 성장과 사랑의 성숙에 도움이 되도록 하나님의 말씀을 증거하고 실천적 사랑을 전달하고자 할 때 전달하려는 그가 머리로 깨닫는 정도까지만 성장했다면, 순종하여 생활의 복을 받고 서로 좋은 감정을 주고받는, 서로 도움을 주고받는 일반적인 사랑을 성숙시키는 정도까지만 성장한 것이 전부라면 그는 자신이 양육하며 전달해 주려는 사람에게도 그 정도까지만 전달해 줄 수밖에 없다.

성도들이 그 누구를 통해 은혜와 사랑을 전달받을 때 놀라운 체험과 귀한 깨달음의 말씀과 기쁨과 회개로 큰 은혜와 감동을 받은 것 같아도 양육하고 전달해주는 사람의 영향을 받아 그 은혜가 깊은 뿌리까지 스며들어오게 될지 아니면 시간이 가면서 서서히 사라지게 될 지로 결정된다.

마지막 때의 성도들이란 불법과 죄악으로 뜨겁게 달아오른 흙 한 줌 속에 심긴 연약한 한 그루의 나무이기에 은혜의 물기가 땅속 깊은 뿌리까지 스며들어올 정도로 충만한 은혜를 받지 못하면 뜨거워진 겉 부분의 흙들이 그 은혜의 물기를 금방 흡수해버린다. 예배를 통해 은혜를 받아도 교회 문밖에 나서자마자 받은 바 은혜가 금방 증발된다.

목회자들과 부모와 신앙선배들은 현재 자신이 생활하고 있는 모습에서 과거에 받은 고난의 흔적을 소개해 주어야 하고 현재 받고 있는 고난을 통해 순종의 능력을 강하게 성장시키고 있는 생활을 몸소 보여주면서 앞으로 닥쳐올 고난을 어떻게 슬기롭게 대처해 나가야 하는 것까지 성도와 자녀들의 영적투쟁에 많은 도움을 해주어야 한다.

목회자로서 지도자로서 부모로서 순종의 힘을 머리에서 마음으로, 마음에서 실천에 옮기는 단계까지의 훈련과정을 통과했다면 그에게 양육 받는 성도들과 자녀들은 머리로 순종해야겠다는 깨달음이 마음으로 감동받게 되면서 동시에 그동안 하나님께 순종하지 못하여, 하나님께서 베풀어주신 은혜와 깨달음과 생활의 복을 받은 만큼 보답하지 못하여(눅 12:48) 성도와 자녀들에게 본이 되지 못했던 부끄러운 죄와 나태했던 지난날의 죄를 뼈저리게 회개하게 된다.

회개도 가벼운 회개가 아닌 사랑의 빚진 자로서 통회자복(痛悔自服) 하는 깊은 회개를 하면서 성도의 처절한 회개의 눈물은 마음속 씨눈이 싹을 틔우는 데 큰 힘이 되어 지면(地面)의 흙을 힘차게 헤치고 돋아나는 새순처럼 회개를 통해 강해진 순종의 능력으로 세상 속으로 뛰어 들어가 생활 속에서 받은 바 은혜를 실천하는 성도가 된다.

현재 목회자와 부모와 신앙 선배 등 지도자의 자격으로 교회에서 설교로, 각종 집회의 세미나로, 가정교육으로, 방송을 통해, 지면을 통해 증거되는 메시지를 살펴보면 안타깝게도 대부분 순종하라, 감사하라, 충성하라 그리하면 축복을 받으리라, 믿음이 성장하리라, 사랑하라, 맡기고 섬겨라, 회개하라, 찬양하라, 말씀 보고 기도하라. 그렇게 순종하면 하나님의 도구로 쓰임을 받으리라는 메시지들로서 구약의 성도들에게 전달하는, 어린 신자에게 전달하는 수준으로 끝나고 있음을 쉽게 발견하게 된다.

신약의 성도들에게 순종하라, 맡겨라, 섬겨라, 사랑하라 등의 메시지가 필요 없다거나 잘못됐다거나 순종의 능력이 강해질 수 없다는 것이 아니다.

마지막 때를 살아가는 성도들은 사탄이 어떤 식으로 말세의 성도들을 괴롭히는가를 하나님의 지혜로 잘 깨달아야 한다. 지혜의 깊이는 사랑의 깊이와 비례하며, 사랑의 깊이는 고난의 깊이와 비례한다.

여타 모든 충성으로도 순종이 강해지지만 고난을 통해 그것도 극심한 고난을 통해 고난의 정도에 따라 보다 강력해지는 순종의 힘을 공급받지 못하면 미가엘 천사장만 물리칠 정도로(단 10:13, 21) 강한 능력을 소유하고 교활하고 야비한 사탄을 물리쳐주시는 하나님의 능력을 공급받기 어렵다.

사탄을 물리치지 못하면 말세의 모든 성도들은 편안함만을 추구하는 착각의 구원에 속아 예측불허의 다양한 고난(고후 1:5-9, 11:23-33)을 통해 더 큰 순종의 능력을 끊임없이 강하게 성장시키시려는 훈련을 받기 어렵다. 거의 불가능하다.

52

이 세상에서 성도에게
고난이란?

하나님은 생활의 좋은 결과를 통해 수준 높은 교육, 놀라운 체험, 아름다운 선행, 열정적 충성, 말씀을 통한 귀한 깨달음 등으로도 성도들의 순종능력을 강하게 성장시키실 수도 있으시다.

그런데 하나님께서는 왜 그렇게 순종을 훈련시키는 데 고난의 과정을 통과하게 하셨을까?

첫째, 사탄이 임금으로 군림하는 이 세상에서 성도들에게 고난이란 누구나 감당해야 할 기본훈련으로서 고난당하기 위해 부름을 받은 것이 하나님의 뜻(벧전 3:17)이기 때문이다.

둘째, 고난은 조상의 죗값으로부터 올 수 있는 것이요(출 20:5, 민 14:18), 본인이 범한 죄를 용서는 받았지만 용서와는

별개로 죗값의 대가로 받게 되는 것이요(시 99:8), 더 나아가 인류의 죗값으로 당할 수 있는 것이기 때문이다(렘 15:1-4).

셋째, 사탄이 임금으로 군림하는 이 세상에서 사탄이 쏟아붓는 고난으로 인해 하나님의 자녀들이 쓰러지기도 하지만 그래도 말씀에 순종하며, 감사하며, 충성하며, 사랑을 성숙시켜나가려는 애처로운 모습들을 불쌍히 보시고, 측은하고, 안타깝게(욥 1:13-19 벧전 3:14), 그리고 대견하게 보시면서 하나님께서 그와 모두에게 베풀어주시는 긍휼의 은혜(사 49:13, 롬 11:32)가 하나님의 마음에 쌓이는 기회가 되기 때문이다.

넷째, 고난을 통해 갑옷이 만들어지는(벧전 4:1), 말씀을 지키는(시 119:67), 율례를 배우는(시 119:71), 변호해주시는(시 140:12), 온전해지는(히 2:10, 벧전 5:10), 상속자로서 영광을 받는(롬 8:17, 벧전 1:11), 금보다 귀하여 예수님 재림하실 때 칭찬과 영광과 존귀를 얻게 해주시려는(벧전 1:7), 예수님 발자취를 따르기 위해(벧전 2:21) 받아야 하는 고난이기 때문이다.

다섯째, 고난을 통해 전적으로 하나님만을 의지하려는 믿음이 강해지고(고후 1:8-9), 새롭고도 강한 은혜가 임하는 통로가 연결되며, 고난을 통해 받은 바 은혜가 더 증폭(고후 12:7-10)되어 약할수록 강해지는 귀한 일꾼으로 쓰임 받기(딤후 2:3, 4:5) 때문이다.

여섯째, 하나님의 자녀들에게 고난이 임하게 된 것은 거의 모두 사탄, 마귀, 귀신, 악령들의 조작으로 시작된 것으로서(욥 1:13-19, 벧전 5:8, 계 12:9) 고난을 통해 강해진 순종의 능력

만큼만 하나님께 능력을 공급받아 사탄을 물리칠 수 있기 때문이다.

일곱째, 고난을 극복한 사람만이 상대가 당하는 고난 정도와 심정을 잘 이해할 수 있고 체험적 위로의 메시지로 감동을 줄 수(히 2:18) 있고, 하나님께 넘치는 위로(고후 1:5)를 받아 죽는 순간까지 그가 당한 고난의 정도에 따라 빚진 자의 사명을 감당하는 사랑의 깊이와 수준이 달라지기 때문이다.

여덟째, 빛과 어둠과 평안과 환란을 함께 창조하신(사 45:7) 하나님께서 천하만물을 창조하시고 우주만물을 운행하시는 법칙으로 N극과 S극이 공존하면서 조화를 이루는, 서로 끌어당기는 만유인력으로 밤과 낮과 계절이 교차되는, 빅뱅으로 시작한 창조와 파괴가 반복되는 블랙홀의 작용과 사람의 장내(腸內)에도 유익한 균과 중간 균과 유해 균이 함께 공존하면서 힘겨루기의 씨름을 통해 건강을 유지하며 살아가도록 만물을 그렇게 창조하셨기 때문이다.

아홉째, 경건하게 살아가려는 성도들이 억울함과 모함과 괴로움 등의 박해(딤후 3:12)를 당하면서도 순종과 감사로 흘리는 눈물에 사랑의 하나님께서 흘리시는 위로의 눈물이 연합되어 떨어지는 곳곳마다 뒤따라오는 직계가족과 주변 성도들과 후손과 인류에게 생수가 솟구치는 샘터(시 84:6)를 만들어 주시기 때문이다.

열 번째, 보다 큰 고난을 극복할수록 심령도 더 깨끗해지고(히

13:12), 더 큰 사명이 임하고 수준 높은 사랑을 공급받아 시대적
으로 유명 무명을 초월하여 보통사람들이 감당하기 어려운 하나
님의 뜻을 이루어드릴 수 있기 때문이다.

그리고 그 보다 깨끗하고 온전한 희생제물로 드려질 수 있는
자격을 인정받는, 하나님의 승리를 위해 하나님께 자랑스러운 일
꾼으로 쓰임 받게 해주시려고(시 126:5, 요 15:2) 자녀들이 당하
는 고난이 안쓰러우시지만 그래도 하나님께서 성도들에게 고난
을 통해 순종의 훈련을 강조하시는 것이다.

53

차라리 평생을 평범하게

성도들이 신앙생활을 하면서 받게 되는 영육 간의 복은 다양하다. 사람은 어떤 생명체보다 사회성의 수준이 높고 다양하기에 성도들은 무리와 어울리는 신앙생활을 하게 됨으로 세상에서 또는 주변 사람들에게 인정받는 신앙생활이 천국에 들어가는 데 많은 도움을 주기도 하지만 때로는 장애가 될 수 있다.

신앙생활을 하는 성도들에게 가장 신경 쓰이게 하는 말씀이 곧 의인 중에서 악인을 골라내는, 그물 안으로까지 들어왔으나, 즉 교회를 중심으로 성도들과 함께 신앙생활을 하였으나 최종 심판 때 누구는 쓸모없는 고기로 버려지는 안타까운 경우다(마 13:44-50).

주의 이름으로 많은 역사를 이루었으나 마지막 심판 때 나는 너를 모른다고 버림(마 7:21-23) 받게 될 주변 성도들과 다 같이 천국 갈 것으로 믿고 있다가 함께 버림을 받게 될 수 있다. 낙원 천국에 들어가기도 이렇게 어려운데 올바른 구원관에서 밝힌 것처럼 성도들에게 있어서 천국이란 낙원천국에 들어가는 것으로 끝나는 것이 아니라 본 천국에 들어가려면 통과해야 하는 또 하나의 과정이 있다 하였다.

박식(博識)한 지식과 학벌(學閥)과 삶의 지혜로, 치유의 역사로, 감동을 주는 말씀증거로, 선한 성품으로 존경을 받으며, 높은 신분의 권세로, 물질로, 신령한 은사로 살아계신 하나님을 체험하는데 도움을 주며, 중, 대형교회목회자로 불신자의 영혼 구원과 성도들의 신앙 성장에 도움을 주는 귀한 분들이 있다.

이렇게 귀하게 쓰임 받는 성도들이 1차 믿음으로 구원과 2차 사랑으로 구원을 받는 올바른 구원관을 모르고 또한 중생 이후 성결과 사회적 성결의 핵심이 되는 사랑의 깊은 수준까지의 성장을 모르면 본 천국을 목표하는 높은 수준의 신앙생활을 위해 미리미리 준비 기도를 쌓아놓을 수 없기 때문에 모든 조건을 버리고, 팔고, 정리해야 할 단계에서 과감하게 순종하지 못하는 생활 속의 신앙적 부자가 되기 쉽다.

부자의 정의를 올바르게 깨닫지 못하면 물질의 부자는 물론이거니와 높은 신분의 부자, 권세의 부자, 특별은사의 부자, 영혼 구원과 선행으로 열정적 충성의 부자, 유명하고 큰 교회의 목회자 등 좋은 조건에 미련을 버리지 못하여 과감하게 버려야 할 때

버리지 못하는 부자가 된다.

 자신이 누리고 있는 좋은 환경과 조건들로 인해 신앙적 부자가 되지 않기 위해 성도들이 반드시 깨달아야 할 것이 있다. 그것은 성도는 어떤 조건으로 어떻게 쓰임을 받든지, 자신이 누리고 있는 좋은 조건의 환경과 받은 복은 하나님께서 자신과 함께 동행해주시며, 매사에 전적으로 책임져 주시며, 뜨겁게 사랑해 주신다는 하나님의 사랑을 확신시켜 주시려는 그 이상도 이하도 아니라는 것이다.

 받은 바 은혜와 응답과 생활의 복을 통해 누구보다도 임마누엘 사랑을 확신하면서 앞으로 다가올 그 어떤 고난도 잘 극복하라고 주신 하나님의 축복에 감사하는 것이 나에게 임한 복의 정의다. 남다르게 존경받고 대접받고 받은 바 복이 크고 다양한 것에 비례하여 남들보다 하나님께서 사랑 해주신다는 확신이 부족하다면, 열정적 충성을 못한다면, 사랑의 성숙이 깊지 못하다면 그는 받은 바 복을 복이라 할 수 없다.

 좋은 조건과 생활의 복을 죽을 때까지 유지하면서 그 복으로, 은혜로, 은사로 많은 사람들에게 끝까지 도움을 주다가 삶을 마치게 해달라고 기도하며 자녀들에게 복된 그 좋은 환경을 상속해 주려 한다면, 그는 받은 바 부러움의 대상이 되었던 좋은 조건의 복들이 낙타가 바늘귀로 들어가는 것보다 천국 가기가 어려운 부자가 될 수 있다는 예수님의 경고의 말씀을 깊이 새겨들어야 한다.

어떤 면에서는 차라리 평생을 평범하게 아니 평범 이하의 조건으로 처음부터 끝까지 고난을 받는(계 2:8-11), 이름 없이 빛도 없이 무명으로 쓰임 받는(계 3:7-12) 사람들이 더 좋을 수도 있다(눅 13:30). 그렇다고 평범한 조건의 삶과 무명의 삶이 결코 자랑스럽고 모범스러운 삶이라는 것은 아니다.

위험부담이 있긴 하지만 그래도 좋은 조건과 환경 속에서 많은 일, 중요한 일, 많은 성도들의 신앙 성숙과 문제를 해결 받는데 하나님의 통로로 쓰임 받는 성도는 복된 성도다.

특히 많은 영혼들이 구원받는데 귀하게 쓰임 받다가 보다 높은 경지까지의 성장을 위해, 오로지 주님만을 위해 좋은 조건과 환경을 정리해야할 때 한 치도 미련 없이 그 즉시 과감하게 정리하여 하나님께 인정받는 성도가 여호와 하나님 아버지를 가장 기쁘게 해드리는 귀하고 복된 성도다.

54
하나님의 자랑스러운 자녀

구원과 상급의 정확한 기준은 하나님만이 아신다.

하나님께 열정으로 충성하고 특별 기도를 많이 하여 하나님께서 주신 특별은사로 현재 사람들의 질병과 심지어 불치병까지 치료되고 있는데, 증거하는 메시지로 감동을 받아 믿음이 성숙되고 놀라운 체험들이 나타나고 있는데, 많은 재산을 헌금하고 선교사와 가난한 사람들을 도와주어 도움 받은 그들을 통해 영혼들이 구원받고 있는데, 큰 교회를 욕심내지 않고 성도들을 분산시켜 새로운 교회를 창립하여 많은 성도와 불신자들에게까지 존경받고 있는데 천국은 모든 것을 포기하는 사람들만이 갈 수 있는 곳이냐고, 그렇게 하지 못하면 천국을 가지 못하는 것이냐고 모든 것을 포기하는 훈련과정에 반론을 제기할 때 그 반론에 대해 누구도 정확하게 말할 수 없다.

낙타와 바늘귀를 비유하여 부자가 천국 가기 어렵다는 말씀을 들으며 놀란 제자들이 그럼 누가 천국을 갈 수 있겠습니까? 하며 예수님께 질문할 때 예수님께서도 정확하게 말씀해 주지 않으셨다. 다만 사람들은 할 수 없지만 하나님께서는 다 하실 수 있다는 정도로만 말씀 해주셨다(막 10:23-27).

여기서 한 가지 분명하게 짚고 넘어갈 것이 있다.

똑같은 하나님의 자녀로서 조상과 부모가 심어주신 축복이 약하기에, 타고난 쓰임의 그릇이 작기에, 타고나고 물려받은 지적 능력, 재능, 신체조건, 물질, 외모, 지역 환경과 기득권의 축복이 약하기에, 욕심도 그리 크지 않기에 자신과 가족 모두가 오랜 세월 어려운 생활로 신앙생활을 하고 있다면 그는 천국의 상급과 사랑의 성숙과 수순 높은 성결의 경지까지 성장하는데 일단은 유리한 조건을 갖춘 성도다.

반대로 좋은 조건으로 경쟁에서 늘 앞서가기에 안정된 직업으로, 중, 대형 목회자로, 특별한 은사로, 사회적 신분의 권세로, 뛰어난 지적 능력과 재능 등으로 생활의 복을 누리며 대접받는 성도들은 수준 높은 신앙 성장에, 사랑 성숙에, 천국 상급에 일단은 불리한 조건임을 스스로 인정해야 한다.

삶의 모든 조건이 부족하여 주변 사람들에게 부러움의 결과를 달성하지는 못하지만 그럼에도 불구하고 성도의 기본을 모범스럽게 실천하고, 교회를 중심으로 열정적인 충성과 영혼 구원에 애쓰고 힘쓰며, 매사에 언행심사를 조심하며 순종과 감사와 겸손으로 섬김에 모범적으로 신앙생활 하는 성도요, 보다 많은 사람들을 위해 지극정성으로 중보기도와 중보회개를 많이 해주면서 이름 없이 빛도 없이 뜨겁게 충성하면 공평하신 하나님께서 그 성도의 감사생활을 예쁘게 보시면서 하나님께서는 어떻게 해서든지 그가 세상에서 받을 수 있는 생활의 복보다도 성결의 깊은 경지까지 성장과 천국에서의 큰 상급과 사랑의 성숙으로 마음을 깨끗하게 해주시려고 그가 작은 것을 심어도 30배 60배 100배의 결실뿐만 아니라 오병이어의 기적으로 갚아주시려 하신다.

이러한 깨달음으로 평생을 가장 낮은 위치에서도, 쉽게 풀리지 않는 본인과 가족의 어려움 속에서도, 계속되는 안타까운 현실 속에서도 현실과 천국의 경계선이 없이 시공을 초월하는 믿음으로 불평하지 않고 오히려 감사하면서 기쁨으로 최선을 다하는 성도가 서머나, 빌라델피아 교회의 목회자와 성도들로서 복 중의 복을 받은 하나님의 자랑스러운 자녀다.

55

용서받기 어려운 사람들

중생 이후의 성결뿐만 아니라 사회적 성결의 깊은 경지까지 성장하고자 하는 성도들에게 아무리 강조해도 지나침이 없는 것이 회개라 하였다. 그토록 회개는 성도들에게 있어서 중요한 부분을 차지하는 것인데 그 회개가 하나님의 자녀들을 안타깝게 할 때가 있다.

틀림없이 죄의식을 갖고 확실하게 회개를 했는데 그 회개가 하나님께 상달되지 못했다면(말 1:9-10) 그처럼 가슴 아픈 일이 또 어디 있겠는가? 틀림없이 회개해야 할 죄인데도 죄를 죄인 줄 모르고 덮어둔 채 또는 가볍게 회개한 후 평생을 신앙생활 하다가 마지막 심판 때 예수님으로부터 나는 너를 모른다(마 25:12)는 심판을 받게 된다면 이 또한 비극 중의 비극이 아닐 수 없다.

성도들이 회개를 하였으나 하나님께 용서받지 못하는 경우란 열등의식 속에서 발동하는 그 알량한 자존심 때문에, 자기 합리화와 지나친 관용과 나도 할 만큼 했다는 상대적으로 비교하는 얄팍한 계산적 사랑 때문에, 탐욕의 늪에서 허우적거리다가 약해진 양심(고전 8:7)과 양심에 화인을 맞아(딤전 4:2) 이미 사탄의 종이 된 것을 모르고 세상적으로 인간적으로 잘잘못만을 따지다가 용서받지 못하는 경우다.

회개를 했으나 보다 확실하게 용서받는데 남들보다 좀 더 어려운 부류의 사람들을 꼽으라면 꼭 그런 것은 아니지만 대부분 존경받는 위치로 지위가 높거나, 사람을 미워하거나, 변덕스럽거나, 말이 많거나, 상류계층의 부자이거나, 지적능력과 학벌과 학식이 높고 깊거나, 보수의 기질로 편 가르기를 잘하거나, 지도자로 앞서가는 위치에서 교육시키고 좋은 결과로 대접을 받거나, 체험적 신앙이 다양하거나, 신비로운 은사가 계속 역사되고 있거나, 매사에 부정적이고 잔머리를 굴리며 잘못을 합리화시키며 자신에게 지나친 관용과 고집스럽거나 삯꾼 목회자를 모르고 따라가는 사람 등이다.

목회자들이 회개를 하였으나 온전히 용서받지 못하는 경우란 주변 분위기와 체면과 자존심과 탐욕의 유혹을 과감하게 정리하지 못한 상태에서 갑론을박으로 서로의 잘잘못을 따지다가 말꼬리로 부딪치는 격해진 감정으로 대충 회개하는 것과 또는 주변 사람들에게 따가운 시선을 받으면서도 모두가 교회를 위해, 성도들을 위한 것이었다고 부분적으로 좋아진 결과로 자신의 잘못을 합리화하며 보험용으로 하나님께만 회개하여 죄를 확실하게 용서를 받지 못했으나 시간이 가면서 과거의 죄가 기억 속에서 사라진 후 목회자로서 영혼 구원으로, 교회 부흥으로, 불우이웃 돕기와 국내외의 선교후원으로, 신비한 능력으로, 뛰어난 학식과 재능 등으로 제자들을 교육하면서 뜨겁게 충성하면, 회개하지 못한 죄와 상관없이 소속된 교회와 성도들에게와 가족들과 관계된 사람들에게 좋은 결과들이 나타날 수도 있다. 그렇게 되면 그 목회자는 나타난 좋은 결과들로 인해 하나님께서 자신과 가족과 섬기는 교회와 성도들을 너무너무 사랑해 주신다는 확신을 하게 된다.

마지막 심판 때까지 회개해야 할 죄를 회개하지 못하는 비극적인 성도가 바로 이런 목회자와 성도들이다(마 7:21-23). 이미 지옥을 갈 수밖에 없는 세상 불신자들도 심지어 이단들도 생활 속에서 선행을 베풀면 그 대가로 본인과 가족과 직장과 사업처와 지역과 단체와 국가적으로도 인과응보(因果應報)의 좋은 결과를 받을 수 있다는 것이 만물을 창조하시고 모든 것을 공평하게 다스리시는 하나님의 섭리다.

베드로가 예수님께 간구하여 허락(응답)을 받아 물 위를 걷는 기적을 체험하는 순간에도 거친 파도에 겁먹고 의심하면, 축복을 받은 후 열정이 식어지고 변질되면, 대접을 받으며 교만해지면 배 안에 있을 때보다 더 안 좋은 모습으로 물속으로 빠질 수 있다는 것이 절대 지존(至尊)이시며 전지전능(全知全能)하신 여호와 하나님 아버지를 믿고 따르는 성도들이 명심하고 또 명심해야 할 부분이다.

베드로는 다행히 자신의 현재 모습과 영적 상태를 빠르게 깨달아 그 즉시 예수님께 간구하여 도움을 받았지만(마 14:28-33) 빠져가는 자신을 모르는 성도들은 예수님께 간구할 수 없어서 자신이 물속으로 빠지는 것도 모른 채 세상 속으로 빨려 들어간다. 생활로 나타나는 결과가 좋고, 교회와 성도들을 위한 결정이라 해도, 심지어 불가능이 가능하게 된 기적이 나타났다 할지라도 나타난 결과로 자신과 상대의 영적 상태를 섣불리 판단하여 자신과 가족과 교회가 하나님께 사랑받는 것으로 착각하면 마지막 심판 때 너를 도무지 모르겠다는(마 7:21-23) 심판을 받을 수도 있음을 명심하여 자신의 영적 상태를 잘 관리해야 한다.

회개는 영혼 구원과 밀접한 관계가 있는데 때로는 가라지 같은 성도라 할지라도 알곡 같은 성도와 목회자가 사탄에게 휘말릴까 봐(마 13:29-30) 마지막 심판 때까지 그냥 놔두실 수 있으며, 가라지 같은 목회자이지만 알곡 성도들에게 영적으로 상처와 일반인들에게 하나님의 이름이 더럽혀질까 봐 목회자를 마지막 심판 때까지 그냥 놔두신다.

56

안수기도의 중요성

이미 구원을 받은 제자들일지라도 매일매일 발을 닦는 즉 일반
오물로 더러워진 것이 아닌 하나님과 상관이 없을 정도로 영적으
로 피해를 주는, 더러워진 심령을 청소해야 함을 예수님께서 말
씀하셨기에(요 13:8) 성도들은 매일매일 드리는 가정예배 또는
하루일과를 마치는 기도를 드릴 때마다 하루 동안 장소와 대상과
접촉과 대화로 영, 혼, 육이 자신도 모르고 더러워지고 부정하게
된 것(고후 6:17)과 알고 지은 죄, 모르고 지은 죄를 회개해야(요
13:10) 한다.

성도는 혼자가 아닌 성령님을 모신 하나님의 성전이요, 예수님
의 지체이기에 언행심사에 있어서 영, 혼, 육으로 거룩하게 구별
된 삶을 살아야 한다. 거룩하신 하나님께서는 하나님의 자녀들이

세상의 더러운 죄악과 부정에서 구별되게 살아가는 거룩한 성도(레 11:44, 벧전 1:15-16)가 되기를 원하신다.

구약과 신약의 부정 기준이 조금은 다르지만 구약에서는 성도들이 어떤 일로 부정하게 되어 정결한 제사장에게 정결예식으로 기도를 받으므로 특히 안수기도를 받아 더러움이 깨끗하게 될 때 제사장은 하나님의 은혜와 능력을 전달하는 통로의 도구로 사탄을 물리치는 영적 씨름을 한 것이기에 더러움을 씻어내는 과정에서 인간의 연약성 때문에 기도해 주는 제사장도 복수하려는 사탄의 조작으로 인해 상대의 부정에 영향을 받아 더러워질 수 있으니 자신을 깨끗하게 하라(민 19:18-22) 하셨다.

성도가 부정하게 되는 정도의 기준(고후 6:17)을 정확히 말할수는 없지만 부정함을 통해 영적으로 사탄과 연결통로가 되는 더러움을 차단하지 못하면, 즉 일상생활을 통해 전파력이 강한 누룩처럼(마 16:6-12, 갈 5:9-10, 고전 5:6-8) 알게 모르게 사탄, 마귀, 귀신, 악령들의 양향을 받아 심령이 조금이라도 더렵혀졌다면 그는 자신 때문에 하나님과 예수님과 성령님을 더럽힌 죄를 범한 것이기에, 자신에게 어두운 세력들이 침투하는 기회를 만들어 준 것이다.

성도들은 안수기도의 중요성(직분자 거룩:출 29:10-21, 죄를 전가(轉嫁):레 1:4 4:33, 사명위탁(委託):민 27:18,33 34:9, 질병치료:막 8:23 행 28:8, 축복:막 10:16, 성령임재(臨在):행 8:17) 등의 역할을 잘 깨달아 말씀증거와 신앙상담과 기도를 해준 후 사탄, 마귀, 귀신, 악령들이 물러가면서 더러운 때를 묻히며 괴롭힐 수 있으니 사탄이 침투할 기회를 주지 않아야 할 것을 다시 한번 강조하고 싶다.

주부가 실내바닥과 가구를 청소할 때 도구를 사용하는 것과 손으로 걸레를 쥐고 청소를 하게 되는데, 청소도구나 일회용 장갑을 사용하는 것과는 달리 걸레를 직접 잡고 바닥을 청소하면 청소 후 더러워진 손을 깨끗이 씻어야 하듯 누구나 모두를 품고 모두에게 안기는 사명자의 삶을 살아가야 신약의 일꾼과 목회자, 지도자, 은사자와 부모는 스승의 역할보다 부모의 심정으로(고전 4:14-16), 끝까지 책임지는 사랑으로 자신을 통해 문제를 해결받고 심령이 깨끗해진 사람들에게 일곱 귀신(눅 11:24-26)이 침투하여 공격하지 못하도록, 공격받아도 이겨낼 수 있도록 끝까지 도와주어야 한다.

하나님의 자녀로, 예수님의 지체로, 성령님을 모신 성전으로 살아가는 목회자와 은사 자와 부모는 성도들에게, 자녀들에게 치유기도와 말씀 증거 및 기도와 상담을 통해 사탄을 물리쳤다 해도 공격받은 사탄에게는 결코 포기가 없다는 것을 명심(銘心)하여 자신과 상대의 심령 청소에 최대한의 시간과 정성을 쏟아야 한다.

기회 있을 때마다 사람들에게 기도를 해주고, 말씀을 증거하며, 상담을 해주는 지도자와 성도들은 하나님의 은혜와 능력을 전달하는 통로의 역할로 사람들의 문제가 해결되고 좋은 결과와 놀라운 역사가 계속해서 나타나는 것에 우쭐하여, 복수하려고 침투하는 사탄과 일곱 귀신과 직접 싸워 이길 수 있도록 영력을 강하게 무장하는 영성훈련과 심령청소와 사랑의 성숙훈련을 소홀히 하지 않아야 할 것을 한 번 더 강조하고 싶다. 그러나 이렇게 신앙생활하는 지도자와 부모와 성도들을 만나보기 쉽지 않다.

성경은 '온 천하를 구하고도 자신이 잘못되면 무엇이 유익하겠느냐'(마 16:26)라고 말씀하셨다.

57

문제해결과 치료가
우선이 아닌 단계

　하나님께 쓰임 받는 그릇의 역할을 크게 타고난 사람이기에 하나님께서 그를 크게 사용하시려고 조상과 부모의 도움을 받아, 또는 개인적으로 특별한 은혜와 은사를 받을 수 있는 기회를 만들어 주시고 그 역시 주신 기회에 순종을 잘하여 귀한 은혜와 특별 은사를 받아 자신을 통해 나타나는 좋은 결과로 사람들에게 대접받는 사람들이 있다.

　그럴 때 자신이 남들보다 더 잘해서, 믿음이 좋아서, 사랑을 더 많이 받아서 라기보다 자신은 특별한 그릇으로 태어났기에 하나님께서 자신을 그렇게 사용하시려고 주신 기회에 순종을 잘하여 쓰임 받는 것이라는 겸손한 자세로 쓰임을 받아야 한다.

　대부분의 사람들이 좋은 결과를 과시하며 특별대우를 받고 싶은 기질 때문에 자신도 모르게 교만해지며, 특히 타인이 높여주는 마비(痲痺)성 교만 때문에 겉만 화려함에 도취되어 받은 만큼 보답하지 못하는 불균형의 신앙을 하게 된다.

계속 좋아지는 결과만큼 더 많이 보답해야 하는 것과 보다 강력한 순종의 영력(히 5:8)을 계속 키우지 못하는 불균형으로 그는 천국에서 생활하기에 부적합한 사람으로 분류된 줄도 모르고 자신도 모르게 앞서가는 좋은 결과의 화려함에 눈이 멀어 세상의 더러움이 스며들오면서 자타 간의 욕심이 잉태되어 맡겨진 사람들을 일일이 관리해 줄 수가 없기에 자신은 할 일을 다 했으니 이제부터 잘못되는 것은 본인들의 문제라고 생각하게 된다.

결과 위주로 신앙훈련을 받는 구약의 성도들은 그럴 수 있다. 그러나 누구나 사명자요 예수님 때문에 즉결심판을 모면하여 회개의 시간을 늦춰주시는 은혜를 받아 생명이 연장되어 천국 가는데 큰 도움을 받은 신약의 성도들은 그래서는 안 된다. 사명자의 기본이란 모든 문제는 자신의 책임으로부터 시작하고 지극히 작은(마 25:34-46) 자라도 끝까지 도와주면서 그 은혜로 자신도 하나님께 그렇게 도움 받는 성도가 돼야 한다. 이것을 감당할 자신이 없으면 감당할 만큼만 맡아서 일해야 한다.

신약의 성도들도 믿음이 약한 어린 성도의 과정을 통과하기까지는 결과 위주의 신앙생활로 믿음이 성숙되는 훈련을 받는다. 그러나 구원받은 후 대략 3년 정도 훈련을 받은 후부터는 결과 위주로 받는 훈련보다, 즉 나의 승리 나의 성결보다 하나님의 승리 하나님의 성결을 위한 훈련 비중이 점점 더 커져간다.

예를 들어 이 단계에서는 문제를 해결 받고 질병을 치료받으려 할 때 문제해결과 치료가 우선이 아니다. 설령 문제를 해결하는 과정에서, 질병을 치료받는 과정에서 누군가의 실수로, 빗나간 권면과 조언으로, 착각의 판단으로 일이 꼬이고, 의료진의 잘못으로 병세가 악화되었다 해도 불평, 갈등, 원망 없이 감사하는 훈련이다. 싸움의 상대가 사람과 세상이 아니기 때문이다.

유명해지고 대접받으며 놀라운 역사를 나타내고 있는 그가 수준 높은 성결의 단계까지 성장하기를 원한다면 그는 자신은 언제나 대접받는 삶을 과감하게 정리할 수 있을까? 언제나 순수하고도 어린아이 같은 성도로(눅 18:16-17) 인정받아 하나님에게 수준 높은 훈련을 받을 수 있을까를 기도하며 기다리는 순수한 마음을 품어야 한다.

연세(年歲)가 어느 정도 된 성도로서 이 단계의 훈련을 받게 되었다면 그는 2년에 한 번 받는 정기건강검사를 받지 않겠다는, 설령 암이 자신도 모르게 발병되었다 해도 평안한 마음으로 그 암을 품고 또는 암 제거 수술을 받았다 해도 항암치료를 하지 않고 마지막까지 열정적으로 충성하는 성도가 되보겠다는 마음을 품어볼 만도 하다.

이전에는 나와 세상과의 씨름에서 하나님의 도움으로 문제해결과 질병 치료와 응답으로 내가 승리하였다면 이 단계에서는 사탄과 하나님의 씨름에서 나를 통해 하나님께서 승리하시도록 내가 하나님을 도와드리는 단계의 훈련이다.

이러한 단계의 훈련이 사람의 성결 사람의 승리에서 하나님의 성결 하나님의 승리로, 1차 믿음으로 구원에서 2차 수준 높은 사랑으로 받게 되는 구원의 경지로, 중생 이후 성결에서 사회적 성결 단계로 성숙되어가는 훈련이다.

58

하나님의 성결이란

마지막 때 극심한 고난과 고통 속에서도 올바른 구원으로 본 천국에서 영생하고자 중생 이후 성결과 사회적 성결을 사모하는 이들이 있다.

1차 믿음으로 구원에서 2차 사랑으로 구원을 목표하고, 사람의 승리 사람의 성결수준을 넘어 하나님의 승리 하나님의 성결을 목표하는 성도들은 누구나 예외 없이 밤나무와 상수리나무가 베임을 당하는(사 6:13), 그래서 살 소망이 끊어지고 마음에 사형선고(고후 1:8-9)를 받는 훈련을 각오해야 한다.

좁은 길을 걷다가 좁은 문으로 들어가는 낙원천국에 들어가기도 너무너무 어렵고 힘든 마지막 때의 성도들은 신앙생활이 어려우면 어려울수록 본인의 신앙단계가 어디까지 이르렀는지(빌

3:10-16)에 상관없이 본 천국에서 영원토록 영생하는 천국 백성의 자격을 인정받고자 높은 수준의 온전한(perfect, 헬 τετελειω μένοι, 요 17:23, 약 1:4, 벧전 5:10, 요일 4:12) 신앙의 푯대를 향하여 끊임없이 달려가야 한다.

깊이 있는 학술적 연구로 이론적 성결에 치우치면 사람의 성결, 사람의 승리 그이상을 목표하기 어렵다. 그들에게 도움이 되는 말씀이란 예수님은 사람의 성결 수준의 단계를 초월하여 사람들의 허물(사 53:5- 본능적으로 하나님의 주권에 배반)을 품어주려고 찔리셨다는 것과 사람들의 죄를 사랑으로 덮어주려고(벧전 4:8) 마음이 찢어지는 상처를 받으시고, 평화를 심어주려고 징계, 즉 사람들의 죄를 대신하여 벌을 받으시고, 모두의 건강을 위해 채찍에 맞으셨다는 말씀을 수시로 되새겨야 한다.

모두를 부요하게 해주시려고 가난한 삶(사 53:5, 고후 8:9)을 사셨던 예수님을 본받아 그 발자취를 따라가려는(벧전 2:21) 성도를 불쌍하게 측은하게 안타깝게 그리고 대견하게 보시며 주시는 선물이 곧 받은 바 구원을 잃어버리지 않는 데 큰 도움이 되는 하나님의 승리, 하나님의 성결이다.

성결을 사람의 성결과 하나님의 성결로 구분한 것은 사람의 성결이란 세상에서 사탄에게 직접 공격을 받으며, 사탄에게 조종(操縱)당하는 사람들에게, 조종당한 사람들이 오랜 세월 동안 설치해 놓은 세상의 시스템에게, 그리고 예정된 지구 종말로 발생되는 자연재앙과 마지막 때 간간이 발생되는 설명하기 어려운 사건들과 불의의 사고 등으로 겪게 되는 행복 불행, 성공 실패, 건강 질병, 기쁨 슬픔, 평안, 괴로움 등을 통해 사람으로서 할 수 있는 정도의 원죄성과 죄성의 찌꺼기를 태우는 촛불 인생으로 성화(聖化, sanctification)되어가는 심령상태가 1차적 사람의 성결이다.

2차적인 하나님의 성결이란 명확하게 구분되는 것은 아니지만 몇가지로 살펴보자.

첫째, 교회를 중심으로 열정적 충성과 사회에서까지 모범적인 삶을 기본으로부터 시작하여

둘째, 가족의 범위로부터 책임, 섬김, 사명, 회개, 순종, 감사, 충성, 중보기도, 중보회개, 사랑 등의 범위를 최대한 넓히는 신앙생활로 성장해 간다.

셋째, 하나님께 드려지는 희생제물 중에서도 하나님께서 보다 많은 사람들에게 도움을 주실 수 있도록 깨끗하고 온전한 자격을 인정받은 희생제물로 하나님께 드리기 위해 종으로 종을 섬기는 가장 낮은 위치에서 끝까지 감사하는 마음으로 극심한 고통과 괴로움을 견디며 오로지 하나님의 승리를 위해 총알받이로 사탄과 피 흘리며 싸워야 하는 영적전쟁을 한다.

넷째, 하나님께서 자녀들이 당하는 고통이 안쓰러우시지만 그래도 극심한 고난을 통해 최고의 수준으로 사랑을 성숙시키는 훈련을 믿고 맡길 수 있도록 그 성도의 영적 상태가 하나님께 인정

받는 수준이 하나님의 성결이다.

올바른 구원으로 1차 믿음의 구원에서 2차 사랑의 구원, 사람의 성결에서 하나님의 성결로 성장하고 싶픈 성도의 마음가짐이란 어떤 것일까?

- 사람이란 사랑의 성숙을 위해 섬겨야 할 대상이다.
- 사람이란 나에게 책임지라고 맺어주신 가족이다.
- 인생이란 사랑의 빚을 갚기 위해 기회를 제공받은 삶의 연속이다.
- 세상이란 천국 백성의 자격을 훈련받기 위해 만들어진 훈련 세트장이다.

59

영원한 일꾼으로

중생 이후 성결 더 나아가 수준 높은 사회적 성결을 사모하는 성도들이라면, 올바른 구원을 깨달아 1차 믿음으로 구원에서 2차 사랑으로 구원까지 성장하려는 성도라면 그는 인생 말년에 삶을 마감하면서 세상 재료인 흙으로 지음 받은 자신의 육체가 당하는 고통이 다방면으로 심해지면 심해질수록 하나님께 더 뜨겁게 감사한다.

사도 바울은 '이 시각까지 주리고 목마르며 헐벗고 매 맞으며 정처가 없고 모욕을 당한즉 축복하고 박해를 받은즉 참고 비방을 받은즉 권면하니 우리가 지금까지 세상의 더러운 것과 만물의 찌꺼기 같이 되었도다'(고전 4:11-13) 라고 하였다.

바울은 죽는 순간까지 자신이 당한 시련(고후 11:24-30)과 육체의 가시로 계속 찔리는 진통과 점점 더 열악해지는 생활환경을 당하면서도 그러한 환경들이 하나님께서 자신에게 끊임없이 은혜를 공급해 주시려고, 받은 바 은혜와 능력을 계속 유지하고 증폭시켜 주시려는 하나님의 특별한 은혜라 하면서 오히려 당하는 고통을 자랑한다 하였다(고후 12:7-10).

예수님께서 희생제물로 죽어주신 은혜로 구원받은 모든 성도들은 구원받는 그 순간부터 첫째부활에 참여하고자 하는 목표로 신앙생활해야 한다. 그러한 목표로 신앙생활해야 낙원천국에 들어가는 데 큰 도움이 될 뿐만 아니라 천국에서도 결코 배반하지 않을 영혼으로 인정받아 첫째 부활에 참여하는 성도가 된다.

성결의 깊은 경지까지의 성장을 목표하는 수준 높은 신앙생활을 하기 위해서는 삶의 시간이 얼마 남지 않은 시한부인생(時限附人生)의 심정으로 또는 인생 말년에 끊임없이 지속되는 어려움 속에서도 천국에서의 영생을 사모하는 믿음으로 삶과 죽음을 초월하는 마음가짐이 필요하다.

희귀병(稀貴病)으로 불치병 진단을 받아 짧은 기간의 죽음을 앞둔 사람들은 지금까지 살아오면서 겪었던 즐겁고 기쁜 일뿐만 아니라 괴롭고 슬픈 일까지도 심지어 누가 자신을 괴롭히고 미워한 적이 있다 해도 결코 그 누구를 탓하기보다 품어주려 한다.

그리고 나의 죗값과 조상의 죗값과 인류의 죗값으로 당해야 할 것을 조금 일찍 내가 먼저 치른 것이겠지 하며, 누가 자신을 괴롭혔어도 그 사람의 본심은 아니겠지, 그들도 사탄에게 조정받아서 그렇게 했겠지, 같은 시대에 태어난 사람들 모두는 자신과 함께 잠시 소풍 왔던 같은 반 친구들이요, 역할분담을 하며 어린 시절 소꿉장난하던 한 동네 친구들로 여겨, 삶의 모든 여정(旅情)을 아름다운 추억으로 명작을 후손들에게 물려준다.

그렇게 평생의 모든 삶의 환경과 관계를 맺었던 모두를 이해하고 품을 수 있는 따뜻한 마음과 인간 관계를 초월하여 자신의 장기(臟器)를 아낌없이 줄 수 있는 조건 없는 사랑으로 삶의 마지막을 정리하듯 살아가는 성도가 개인적인 말년에도, 시대적 상황에서도 수준 높은 성결의 깊은 경지까지 성장하게 되는 복된 성도다.

하나님의 자녀가 1차 믿음으로 구원에 만족하는 것이 아니라 수준 높은 사랑의 성숙으로 받게 되는 2차 구원관을 이루어 드리려고 몸부림치는 성도에게 하나님께서 주시는 또 하나의 선물 같은 은혜가 있다. 그것은 사탄이 임금으로 군림하는 이 세상에 사람을 만드실 수밖에 없으셨던 것은 아버지 되시는 하나님께서 하나님의 자녀들뿐만 아니라 창조하신 사람들 모두를 너무너무 사랑하시기 때문이라는 하나님의 놀라운 사랑을 깨닫게 해주시는 선물이다.

세상에서 살아가면서 무수한 사람들이 사탄 때문에 온갖 고통을 당하게 될 것이고, 사탄에게 유혹을 받아 많은 사람들이 죄를 범하여 지옥을 가게 된다. 심지어 한 때 하나님의 자녀로 구원받았던 성도들이 사탄에게 유혹을 받아 버림을 받게 될 수도 있는 위험스러움을 미리 알고 계신 여호와 하나님 아버지께서 그럼에도 불구하고 그 모든 쓰라림을 감수하시면서까지 이 세상에 사람을 만드신 하나님의 깊고 놀라운 사람 사랑에 감동을 받아 천국은 천국 백성의 자격이 없는 영혼은 갈 수 있는 곳이 아니며, 가서도 안 된다는 수준 높은 구원의 기준을 깨닫게 된다.

그토록 깨끗한 사람을 사랑하시는 하나님 마음을 깨닫게 되는 순간 그는 자신은 천국 백성이 될 자격이 너무도 부족하고 심히 부끄러운 성도임을 고백(눅 5:8)하면서 자신을 불쌍히 여겨 달라고 간절히 기도하게 된다.

이러한 고백과 함께 그는 이 죄인을 불쌍히 여겨 긍휼의 은혜를 베풀어달라고, 자격은 많이 부족하지만 그래도 베풀어 주시는 긍휼의 은혜로 낙원천국만은 꼭 가게 해 달라고, 더 나아가 본천국에서 영생할 수 있게 해달라고 눈물로 애원(哀願)하며 천국에 들어가는 것으로 만족이 아니라 천국에서도 영원한 일꾼으로 쓰임 받기 위해 마지막 순간까지 최선을 다하여 죽도록 충성한다(계 2:10).

하나님의 모든 자녀들은 직계가족뿐만 아니라 시대를 초월하여 모든 후손들에게 아름답고 감동적인 사랑의 이야기로 간증을 남김으로, 천국에서도 천국 백성들에게 그 간증을 들려줌으로 하나님께 다시 없이 큰 영광을 돌리고 영광(요 12:23-28 13:31-32)을 받는 자랑스러운 하나님의 복된 자녀가 되어야 한다.

하나님의 모든 자녀들이 올바른 구원관을 올바르게 깨달아 하나님의 일곱 영과 이십사 장로(계 4:10, 5:8)의 영적 수준까지는 못 미치더라도 천국의 천사장들처럼 하나님께 조금 더 가까운 곳에서 여호와 하나님 아버지께 시중들며 크고 작은 명령을 받들어 섬기는 영원한 일꾼으로 쓰임 받는 귀하고 복된 성도들이 되었으면 한다.

60

전지전능하신 하나님

성도들에게 전지전능하신 하나님이란 어느 시대 그 누구에게
도 똑같다. 허나 어린 자녀가 부모의 능력을 의지하는 데 한계가
있고 부모 역시 어린 자녀에게 부모의 능력을 전달하는 데 한계
가 있듯이 초등학문(갈 4:8-9)으로 비유된 구약의 성도들과 신
약의 성도들이 전지전능하신 하나님을 의지하며 도움을 받는 신
앙생활에도 차이가 있을 수밖에 없다.

성도들이 전지전능하신 하나님을 여호와 하나님 아버지로 믿
고 따르는 신앙생활이란 하나님과 부모 자식 간의 가족관계를 기
본으로 시작된다. 구약의 성도에게 하나님을 소개할 때 말라기에
서 간접적으로 사용한 것(말 1:6, 2:10, 4:6) 이외에는 아버지라
는 표현을 거의 사용하지 않으셨다. 하지만 예수님의 지체가 된

신약의 성도들에게는 하나님을 아버지로 소개해주셨다.

신약의 성도들에게 하나님을 아버지란 용어를 사용하신 하나님의 목적은 신약의 성도들이 구약의 성도들과 달리 신앙의 수준이, 성장의 과정이, 받은 바 사명이, 목표하는 사랑의 수준이 달라야 한다는 것이다. 올바른 구원관을 깨닫는 것 중 하나가 신구약 성도에게 달리 요구하시는 것을 깨닫는 것이다. 구약은 사탄이 직접 또는 사탄에게 조정 받은 사람들이 성도들에게 피해를 입히면 보복을 해주신다. 때론 그 복수의 수준이 너무도 가혹할 정도로 멸절시키신다(수 8:24). 하나님께서 구약의 성도들과 함께하심을 온 천하에 알리시려는 것이요, 우상숭배를 사전에 차단하시려는 것이다(신 7:16). 그 당시는 세상사람 모두를 구원하시려는 것보다 이스라엘 백성들만을 통해 혈통적 선택 구원을 하시려는 시기였기 때문이다.

구약의 성도들에게 전능하신 하나님은 사람이 해야 할 일을 하지 않아도 좋은 결과를 이루어주시는 분이시다. 그렇지만 예수님 안에서 하나님을 아버지로 섬겨야 하는 신약의 성도들에게 전능하신 하나님이란 베풀어주신 좋은 결과 속에 숨겨진 하나님의 사랑을 느끼고, 그 사랑의 거울로 자신의 부족함과 더러운 부분을 발견하여 부족함을 고치고, 더러움을 씻는 과정을 통해 사람으로서 해야 할 일을 감당하는 성숙된 사랑으로 사람들을 돕고 사탄을 대적하는 일꾼이 되는 것이다.

구약은 생활의 좋은 결과로 만족이지만 신약은 좋은 결과의 축복으로 모두에게 도움을 주면서 자신은 열매 속의 씨가 흙속에 들어가 썩어야 하듯 삶의 마지막을 고난으로 끝맺음을 자랑스럽게 생각한다.

　신약의 성도들에게도 불신자나 그 누가 억울하게 피해를 입히면 구약처럼 벌을 주시고 응징 해주시지만 구약의 승리와 신약의 승리가 다르기에 하나님께서는 신약의 성도들에게 특별히 요구하시는 것이 또 하나 있다. 구약은 사탄이 어두운 세력으로 성도들을 괴롭힐 때 전능하신 하나님께서 그 어두움을 물리쳐주시는 승리다. 그렇지만 나의 성결, 나의 사랑, 나의 승리보다 하나님의 성결, 하나님의 사랑 하나님의 승리를 목표하는 올바른 구원관으로 신앙생활 해야 하는 신약의 성도들에게 전능하신 하나님이란 사탄이 성도들을 괴롭히려고 수단으로 사용하는 그 어두움을 품어 마치 블랙홀처럼 빨려 들어간 어두움이 보다 강력한 하나님의 에너지로 발산되어 더 밝은 빛으로 더 많은 사람들에게 비춰주는 일꾼이 되기를 원하시는 바로 그것이다.

　구약은 사람들끼리 싸웠을 때 잘잘못에 따라 눈은 눈으로 갚으라 하시지만 신약은 잘잘못을 떠나 상대에게 죄성을 발동시킨 죄를 하나님께 회개하는 것을 우선적으로 하면서 싸움을 통해 앞으로 더 좋은 관계가 맺어지도록 유도하는 것이요, 혹시 상대가 잘못한 부분이 많다면 그가 하나님께 받게 될 벌을 최대한 경감시켜주기 위해 최대한 빠르게 화해(和解)를 한다.

　구약의 승리는 보다 강력한 힘으로 상대를 제압하여 좋은 결과를 얻는 1차 믿음으로 구원을 목표하는 승리라면 신약의 승리는 십자가의 도리처럼(고전 1:18) 져주면서 상대를 제압하는 승리다. 오른뺨을 때리면 왼뺨도, 억지로 오 리 가자고 하면 십 리를, 고발하여 속옷을 달라고 하면 겉옷까지 주는(마 5:39-41) 승리다.

올바른 구원으로 신앙생활 해야 하는 신약의 성도는 악을 악으로 갚아서는 안 된다. 자신에게 피해를 준 사람을 위해, 박해하고 저주하는 사람을 위해 복을 빌어주며(마 5:44) 선으로 악을 이기는(롬 12:21) 제2차 사랑의 승리가 신약의 성도 누구나 쟁취해야 할 올바른 구원이다.

2차 수준 높은 사랑으로 올바른 구원까지를 목표하는 성도는 자신이 하나님께와 사람들에게 열정적 충성과 영혼 구원과 선행 등으로 잘하는 일이 많으면 많을수록, 자신에게 좋은 결과와 응답과 기적이 자주 발생할수록 제가 이런 복을 받을 수 있는 있는가요? 저보다 하나님께 쓰임 받기 위해 자격을 갖춘 훌륭한 분들이 많은데 어떻게 저에게 이런 복을 주셨는지요? 하면서 하나님의 성결을 위해 다시 한번 더 죄인임을 고백하며 깊은 회개를 하라는, 하나님의 사랑을 위해 절대감사 절대순종으로 더 낮아지라는, 하나님의 승리를 위해 더 큰 사랑의 능력으로 무장하라는 마음속 그윽이 깊은 곳에서 들려주시는 사랑의 음성에 은혜를 받는다.

1차 믿음으로 구원을 받은 성도는 천국 갈 것을 의심 없이 믿

지만 2차 사랑으로 구원까지를 바라보는 성도는

– 확신을 하면서도 천국 가는 것만을 목표하는 구원이 아니기에,

– 첫째 부활을 목표 또는 최소한 둘째 사망의 시험과정을 잘 통과하여 본 천국에서 영생을 목표하는 올바른 구원을 바라보는 성도로서 우선적으로 낙원 천국만이라도 꼭 가야하겠기에,

– 천국에서 결코 배반하지 않고 영원토록 영생하는 영혼이 돼야 하겠기에,

– 신체의 일부분이 큰 피해를 입어도(마 5:29-30) 천국만은 가야 한다고 예수님께서 말씀하셨기에,

자신보다도 상대를 살려야 한다는 사랑의 사명으로 자신을 괴롭히고 모함한 상대이지만 영혼사랑을 위해 만인이 보는 앞에서 무릎 꿇고 용서를 비는 것까지 추호의 망설임도 없이 감사와 기쁨으로 실천한다.

대부분 느끼고 있는 사실이지만 신약의 성도로서 신약의 성도답게 하나님의 성결 하나님의 사랑 하나님의 승리를 위해 신앙생활 하는 사람들이 과연 몇 사람이나 될까? 신약의 성도로서 구약의 성도들과는 신앙의 수준이, 사랑의 깊이가, 성장의 목표가 다른 올바른 구원관을 깨달아 올바르게 신앙생활 하는 성도들이 과연 몇 사람이나 될까? 마지막 때 성도들의 신앙생활이란 라오디게아 성도들처럼 거의 모든 성도들이 결과 위주의 기복신앙으로 변질되어 가기에 더 이상의 희망을 접으시고 세상을 끝내시는 것

이 마지막 최종 심판이라 생각된다.

1차 믿음으로 구원과 2차 사랑으로 구원의 차이점을 비유하면 불가능을 가능하게 해주신 하나님께서 아브라함에게 이삭을 낳게 해주신 것까지가 모두에게 간증거리가 되는 좋은 결과로서 승리한 것이 1차라면 놀라운 기적으로 응답받아 얻은 이삭을 번제로 드리라는 말씀에 순종하기 위해 3일 길을 걸어가 모리아산에서 하나님께 번제 제물로 드리려 할 때 나타난다.

"여호와의 사자가 하늘에서부터 그를 불러 이르시되 아브라함아 아브라함아 하시는지라 아브라함이 이르되 내가 여기 있나이다 하매 사자가 이르시되 그 아이에게 네 손을 대지 말라 그에게 아무 일도 하지 말라 네가 네 아들 네 독자까지도 내게 아끼지 아니하였으니 내가 [이제야] 네가 하나님을 경외하는 줄을 아노라"(창 22:1-12).

이런 하나님의 음성을 듣는 수준의 신앙생활이 신약의 성도들에게 전지전능하신 하나님을 믿고 자신의 모든 것을 포기하며 따르는 수준의 신앙생활이요, 수준 높은 하나님의 사랑으로 본 천국에서 영생할 자격자로 인정받는 제2차 사랑으로 구원받는 성도다.

구약의 성도로서 전지전능하신 하나님께 맡기는 신앙훈련이란 어떤 것인가.

1. 하고 하지 않아야 할 종교적 행위를 모범스럽게 실천한다.

2. 선한 양심을 기본으로 모범적인 삶과 선행 등으로 사람들

에게 인정을 받는다.

3. 그 어떤 목표를 위해 애절하고 간절하게 기도 한다.

초등학문으로 비유된 구약의 어린 성도들이기에 자녀가 감당해야 할 것까지 아버지 하나님께서 맡아주시는 신앙으로 훈련시키셨다면, 신약의 성도들에게는 전지전능하신 하나님의 도움을 받기위해 사람이 감당해야 할 봉사의 땀, 헌신의 눈물, 희생의 피를 흘리며 최전방 총알받이로 쓰임 받는 일꾼으로 인정받기 위해 게임이 안 되지만 그래도 사탄과 죽기 살기로 싸우려는 그 모습을 불쌍하고, 애처롭고, 안타깝게, 그러면서도 대견스럽게 보시면서 하나님께서 대신 싸워주시는 전지전능의 은혜를 받을 수 있도록 훈련시키신다.

우리 모두 올바른 구원과 하나님의 성결을 위해 신약의 성인 신앙으로 중생이후 성결에서 사회적 성결의 경지까지, 1차 믿음으로 구원에서 2차 사랑으로 받는 구원의 경지까지, 사람의 성결에서 하나님의 성결의 경지까지, 사람의 사랑에서 하나님의 사랑까지, 사람의 승리에서 하나님의 승리까지 성장하여 영원토록 하나님께 큰 영광을 돌리고 하나님으로부터 영광을 받는(요 13:31-32) 귀하고 복된 자녀들이 되시기를 예수님의 이름으로 축원합니다. 아멘.